2歳から12歳の脳が
グングン育つ!

論理の力

RONRI no CHIKARA

出口 汪 Hiroshi Deguchi

水王舎

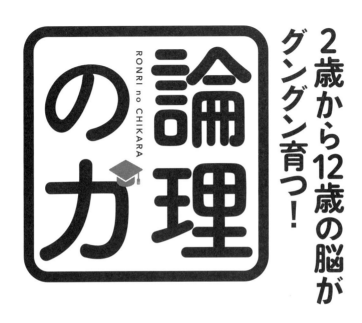

はじめに

本書を手にとっていただきありがとうございます。
私には、幼児から小学生までのお子さんをお持ちの保護者、そして、教育に携わる人たちにどうしても伝えたいことがあります。

それは、子どもの教育を考える時、今の時代をベースにするのではなく、子どもたちが社会で活躍する頃を念頭に置いてほしいということです。将来、どのような世の中になり、そのためには幼児童期にはどのような学力をどのような方法で身につけさせるのか、そうした視点を欠かすことができないということです。子どもたちは未来に向かって成長していくのですから、私たちも当然未来に対する見通しを持たなくてはなりません。

歴史を振り返ると、安定期と激動期が交互に繰り返されることが分かります。たとえば、平安時代や江戸時代は安定期、それに対して、平安末期、戦国時代、幕末は激動期と言えるでしょう。

安定期では今までと同じことを繰り返した方が成功の確率が高いのに対して、激動期では方法を変えない限り、時代に取り残されて、失敗してしまうことになります。

私たちは今、第四次産業革命を迎えようとしています。ＡＩやロボットによる社会構造の根本的変化により、今まで誰も見たことのない世界が現出するのです。幼児童期の子どもたちが大学を受験する頃、あるいは社会で活躍する頃は、まさに激動期の真っ最中で、既成の価値観や常識がことごとく通用しなくなっているのです。

新しい時代に適応するために、当然教育も抜本的に変えなければいけません。ところが、ほとんどの教育が旧態依然の詰め込み教育のままです。確かに、英語の四技能、プログラミングやロボット教育など、パッケージだけは新しく変えてはいるのですが、その中身は今までの教育と何ら変わりがありません。

文科省も詰め込み教育から新しい教育へと、本格的に舵を切ったのですが、公的教育が変わるには多くの時間が必要となるので、少なくともあなたのお子さんの未来を救うには間に合いません。

子どもは自分の教育を自ら選択することができません。子どもの教育を決定するのは保護者の責任であり、その結果は子どもたちが生涯において負っていくことになります。

自分の子どもは自分で守っていくしかないのです。

そのためには、保護者の方が本物を見る目を養うしかありません。なぜなら、今世の中で流布している教育のほとんどが時代遅れか、根本的に間違ったものだからです。たとえ高い実績のある教育であってもそれはあくまで今までの世の中に対応できたからであり、第四次産業革命においては逆にマイナスの効果しか、もたらさないのかも知れません。

もう一度繰り返します。時代遅れの教育を押しつけられた子どもは第四次産業革命の未来において、活躍の場を失ってしまいます。高いお金を払い、遊ぶことも我慢して努力した結果、子どもたちが新しい社会に適応できなくなったとしたなら、これほど悲しいことはありません。

では、新しい時代に適応できる教育とは何か、家庭の中で何ができるのか、本書はそれらを一つ一つ丁寧に明らかにしていきます。冷静に考えていただければ、本書が提示した教育のあり方がいかに本質的で、なおかつ革新的なものなのか、お分かりいただけると思います。

本書は衝撃の書です。

なぜなら、既成の教育のあり方を次々とひっくり返していくのですから。

私は今、本気で教育を変えようとしています。

　四十年ほど前に予備校の教壇に立ち、国語を論理的に解読する方法ですべての大教室を満杯にし、旺文社のラジオ講座、代々木ゼミナールや東進ハイスクールの衛星映像授業で人気を博し、中学校や高校での授業のあり方を変えるべく、論理力養成の言語プログラム「論理エンジン」を開発しました。「論理エンジン」は現在300校ほどの中学校や高校で正式採用され、中には奇跡的な成果を上げている学校が数多く見られます。

　またその傍ら執筆した参考書や問題集などは累計1300万部以上を売り上げ、いまだに多くの書店では「出口汪コーナー」が設けられています。私が次に手がけたプロジェクトは小学生用のプログラム・教材の作成で、現在、塾や学校で使用される教材である「論理エンジンキッズ」はすでに多くの成果を上げています。

　つまり、私が提示する数々の教育は数多くの公的機関を始め、至る所でその効果はすでに実証済みなのです。

　私はこうした驚異的な実績をもとに、いよいよ幼児童教育を根本的に変えていきます。

あなたはまだ時代遅れの教育にしがみつくのですか。

旧態依然の詰め込み教育を変えていくために、「出口式みらい学習教室」を立ち上げ、全国的にフランチャイズ展開をしていきます。この教室をつくることで、法人だけでなく、ビジネスパーソンが副業として塾で教えたり、主婦が自宅で開業したり、誰もが子どもの未来を変えるべく、新しい教育に参加できるような仕組みを作っていきます。そして、家庭でも保護者による新しい教育を可能にするために、幼児対象の新しいドリルをシリーズ化して、続々と刊行していく予定です。

本書をきっかけに、多くの保護者の方が真実に気づき、過去の教育観や古い価値観にとらわれることなく、ご自分の子どもを未来に向けて正しい方向に導かれることを、切に祈っています。

出口　汪

第1章

新しい時代を生きる、これからの子どもたち

第2章

幼児童教育とは、脳を育てる教育

第3章

未来を切り拓くのは「論理力」

第4章

言語習得期における脳の育て方

第5章

日本の子どもに論理力が欠如している理由

第6章

なぜ幼児期から論理を学ぶのか

第7章

論理はすべての科目の土台

第1章

新しい時代を生きる、これからの子どもたち

わたしは時を旅する
魔法使い
未来を見せて
あげましょうか？
みたーい
わーい
え
…
カッッ!
ここは……
未来……？
そう遠くない
未来ですよ
あれは未来の
日本人…
ロボットと
会話してる!?

車の自動運転!?
ハンドル持たないの!?
銀行の窓口に
人がいない!?
警察ロボット!?
POLICE
ロボットが
手術してる!?
うわぁ〜
カッコイー〜
…………
AIやロボットが人間の代わりに働いている…
いろんな職業で人材が要らなくなってしまう…
ねえ
あなた…
この子が大人になる頃には…
わぁー
あぁ…
あんなトンチキな服や髪型が流行るのね……
気になるのソコ!?

1 コンピュータとネットが社会を変えた

私たちの生きる時代は、想像を超えるスピードで変化を遂げています。

コンピュータとインターネットが私たちの生きる世界を大きく変えたことは言うまでもありません。手元にあるスマホで動画を見ることができて、買い物ができて、ホテルや飛行機を予約できて、世界中の人とコミュニケーションがとれるなんて、数年前までは思ってもみないことでした。

今を代表する企業であるグーグル、アップル、フェイスブック、アマゾンのいわゆる「GAFA」は、全世界的になくてはならないサービスを提供していますが、4社ともに私たちが子どもの時代には存在していませんでした。これらの企業はネット社会のプラットフォームを作り上げることで、アッという間に世界を席巻《せっけん》してしまったのです。

かつては隆盛を誇ったエネルギー産業や自動車産業、製造業はなんとか生き延びることに青息吐息の状態です。しかも、以前は国境を越えて商品やサービスを提供する会社はごくわずかでしたが、ネットの王者たちは世界を瞬時につなげてしまったのです。クルマの自動運転もすでに秒読み段階に入っています。まさに、私たちは大変革の時代のさなかを生きているのです。

しかし、未来を生きる子どもたちは、それ以上に大きく変貌を遂げた世界を生きていくことになります。

2 あらゆるものを自律化するAIとロボット

産業革命については、おそらく社会科で学習したことがあると思うのですが、実は産業革命は教科書に書かれている以上に世の中を大きく変えてしまいました。

第一次産業革命は18世紀半ば、イギリスでの蒸気機関の開発により始まったのですが、その結果、工業化・都市化が進み、蒸気機関の発展とともに交通革命も起こります。それは近代の始まりであると同時に、植民地時代の幕開けでもあったのです。

第二次産業革命は19世紀後半から始まるエネルギー革命です。鉄鋼、石油、電気などにより大量生産が可能になり、電話、電球、蓄音機などが次々と誕生します。そのために、二つの世界大戦では戦車、戦艦、戦闘機などが誕生し、膨大な死傷者を出したことは言うまでもないことです。

第三次産業革命はパソコンにスマホ、ネット社会の実現です。ほんの少し前までは電車の中で多くの人が新聞や本を読んでいたものですが、今やほとんどの人がスマホをいじっています。これだけとっても私たちの生活のありようが大きく変貌を遂げたことが分かります。

では、第三次産業革命と第四次産業革命の違いは何でしょうか。

コンピュータの出現によって、あらゆるものが自動化されたのが第三次産業革命です。これに対して、第四次産業革命とはＡＩとロボットによる根本的な社会の構造変化です。コンピュータがあらゆるものを「自動化」するのに対して、ＡＩやロボットは人工頭脳によって「自律化」していきます。ＡＩもロボットも自分で判断できるようになるのですから、多くの仕事では人間が必要なくなってしまうのです。

現実に、三大メガバンクがここ数年で3万2000人のリストラを発表しています。なぜかといえば、窓口業務がやがてＡＩに変わるからです。キャッシュレス決済がスタンダードになってくると、駅前の銀行はどんどん消えていくことでしょう。

保険会社も大変です。売り上げの4割から5割が自動車保険ですが、自動運転が標準化すると自動車保険は不要になる可能性もあります。

医者、弁護士、公認会計士、税理士、銀行マン、証券マン…。大学生のあこがれの職業に従事する人が、ゼロにはならなくても、相当数減るでしょう。検診はほとんどAIが担当します。薬のチョイスもそうです。手術はロボットがやるようになります。

今、盛んに文科省が小学校からプログラミングの授業を取り入れようとしていますが、将来プログラミングもAIがすべてやってしまうことになります。今の子どもが社会に出る頃には、今とはまったく異なる世の中となっているのです。

そして、記憶と計算はコンピュータの仕事。どれほど優秀で、**どんなに努力をしても、記憶と計算だけはコンピュータに絶対勝つことはできません。**それなのにあなたのお子さんにいまだに記憶と計算が中心の詰め込み教育を強いるのでしょうか？

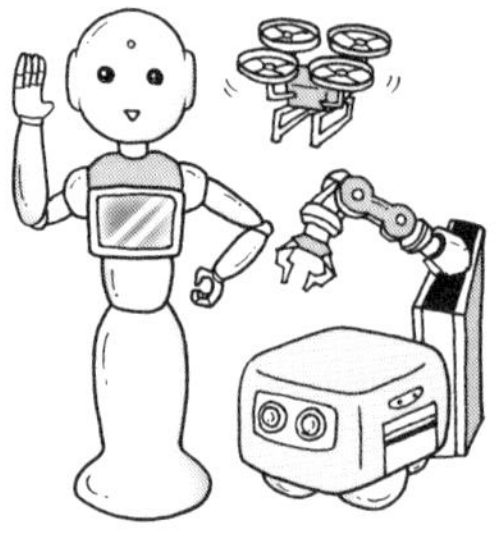

3 『ホモ・デウス』の衝撃

最近『ホモ・デウス』という本が世界的なベストセラーになっています。ホモはホモサピエンスのホモ、人間のことです。デウスは神。作者であるユヴァル・ノア・ハラリは『サピエンス全史』という本で、人類誕生から今に至るまでを大きな視点から、いかにして人類が文明を築き上げたかを書きました。そして、今度は近未来の人類はどうなるのかを描いたのです。

『ホモ・デウス』では、一部の人間が神の領域に近づくとあります。しかし、その一方、それ以外の大多数の人間は仕事がなくなってしまうと記述しています。

そこまで極端にいかなくても大筋はあたっているでしょう。今後、ＡＩやロボットが中心の社会になってくると、記憶したり計算したりするだけの人間は要らなくなります。その結果、そこに従事していた大多数の人間は無用になります。

逆に言うと、人間は記憶や計算という苦役から解放され、肉体労働はロボットに肩代わりしてもらうことによって、真に自由で創造的な人生を送ることもできます。AIやロボットを駆使して、今まで実現できなかったことが実現できる。こういった人間がホモ・デウスなのです。

現在2歳から12歳までの子どもたちが社会に出る頃には、まさに**一部の創造的な人間と大多数の仕事がない人間に二極分化されている**と私は思っています。

もちろん私はこんな社会の実現を願っているはずがありません。すべての人間が真に自由で、創造的な人間、つまり、ホモ・デウスになるように、幼児童教育を変えていこうとしているのです。

4 先進国は「教育」から「学育」へ

スタンフォード大学の付属高校で、スタンフォード・オンライン・ハイスクールという学校があります。オンラインを使った授業を行っており、生徒の80%がアメリカ人で、残りの20%は世界各地に散らばっています。この高校は、全米トップクラスの進学実績を誇っています。

そこの校長先生というのが星友啓（ほし　ともひろ）さんという日本人で、東大を出た後にスタンフォード大学の教授になって、校長先生を務めています。先日、星先生が帰国されて講演会が開かれ、私もパネルディスカッションにパネラーとして参加しました。実は星先生は受験生時代に私の参考書で勉強し、東大に合格したそうなのです。

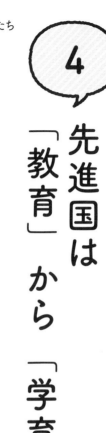

星先生は、世界中のトップクラスの子どもたちを見ていて、「上位層が受けているのは今までとは全く違った教育で、それがスタンダードになっている」と話して下さいました。トップクラスの高校では「教育から学育へ」と教育のありようがすでに変わってきているというのです。「教育」とは先生が生徒に教えること。それに対して、「学育」とは生徒が自ら学び育つこと。スタンフォード高校ではそのためのプログラムとそれをサポートする環境を整えています。今やそういう学び方をした子がスタンフォード大学やハーバード大学に進学しているのです。

ただし、アメリカ全体でそうなっているわけではなく、二極分化が進んでおり、いまだに多くの学校は昔ながらの詰め込み教育を行って、成果が出ていないということでした。

その理由は明らかです。自分で学んで発見していくわけですから、高校に入学するまでにすでにそれなりの学力がないと無理なのです。自分で考えることができない子どもは、教師が与える知識をただ記憶するしか手がないのです。すでに高校に入る前の段階で差がついてしまっているのです。

ところが、星先生は「欧米では下位校でやっているような詰め込み教育を、日本では上位校までもがやっている。そこが決定的に違うところである」と指摘されました。だから、日本の教育レベルが国際社会の中でどんどん後れをとってしまったのです。シンガポールでもスウェーデンでも、教育先進国と言われる国では、生徒自らが課題を発見し、論理を組み立て、解決するという授業に変わってきていますが、日本ではいまだに教師が正しい答えを教えて、生徒がそれを暗記するという教育に終始しています。

この状況はいつか変わるのでしょうかと尋ねたところ、「世界の趨勢がそうである以上、日本も変わらざるを得ません。しかも徐々にではなく、ガラガラポンとドラスティックに変わるでしょう」という答えでした。

つまり、これまでに自分で考える訓練をしてこなかった子どもは、ある日突然に置いてけぼりを食らうということです。

このことに早く親が気づかなければなりません。自分たちの古い教育観を捨てなければ、子どもの将来が悲惨なことになってしまうのです。

5 少子化で選抜試験がなくなる

日本が直面するもう一つ大きな問題が少子化です。本格的に子どもが減る時代がやってきました。これからゼロ歳人口まで確実に減っていくのです。

現段階でも私立大学の40数パーセントが定員割れをしています。今後本格的に子どもが減ります。その結果、数年後にはほとんどの大学が定員割れを起こしてしまうことになります。もちろん、東大や京大は定員割れはしませんが、こちらはこちらで国際競争に巻き込まれていきます。優秀な子どもたちは東大、京大よりも海外の大学に行くケースがどんどん増えていくでしょう。

実は、現在でも推薦入試やAO入試の名の下に、学力試験を課さずに入学させているケースが、国立でも私立でも半数近くに上っています。ほとんどの大学が定員割れを起こすのですから、大学と受験生の立場が逆転するわけです。

選抜試験というのは、大学の定員に対して、受験生が圧倒的に多いので、大学側が合格者を選ぶ制度です。ところが、これからは受験生の方が圧倒的に少なくなるのですから、どの大学も選抜をする余裕などありません、逆に、いかに早く受験生を囲い込むかに懸命となるのです。

今のお子さんが大学を受験する頃には、東大をはじめとする一部の大学を除いて、ほとんどの大学が学力試験を課さずに入学させることになります。小論文、面接、高校の内申書等で総合判断をするわけです。

つまり、**多くの塾が売り物にしている偏差値や合格実績など、何の意味もなくなってしまうのです。**

これからの大学は「入り口を広く、出口を狭く」。つまり達成度テストで一定の学力が確認できれば、誰でも入学できるけど、その代わり卒業のハードルを上げるということです。アメリカ型の大学の姿に近づいていくことになるのですが、これは学生が減ったからできることなのです。これまでは学生のほうが多かったので、ところてん式に卒業させないと、新しい学生を入れることができなかったわけです。そうなってくると、どこそこの大学に入りましたなんて意味がなくなります。誰でも入学できるのですから。

卒業を厳しくするという方針は、大学の利益とも一致します。定員割れするので、4年間学費を払ってもらうよりも、8年間学費を払ってくれるほうがありがたいからです。大学に入っても4年で卒業できなくなる人が増えるでしょう。これからはどこの大学を卒業できたかどうかがポイントになってきます。

ところが、これも大きな問題があります。

大学を卒業するためには、高校までの学習とは違って、論文を読んで論文を書かなければなりません。ところが大学の先生は論文の読み方、書き方を教えられません。高校でもそれを習うことはありません。**大学を卒業するためには、子どもの時から論理力を身につけて、論文を読んだり書いたりする能力を獲得する必要がある**のです。

センター試験に代わって、新テスト（全国学力共通試験）は今までの知識偏重の問題から、知識を活用する技量、つまり、「思考力」「判断力」「表現力」を問う問題へと変わります。それは長く選抜試験制度を続けていた明治以来の教育を根本から変えるものです。

ひと言で言えば、「詰め込み教育」から「自分の頭で考えて課題を解決する教育」への方向転換です。

最高学府である大学の入試のあり方が変わることで、ドミノ倒しのように、高校、中学校、小学校の教育も変わらざるを得ません。だから、大学の入試制度の改革はあなたのお子さんの教育とも深く関わっているのです。

もちろん、選抜試験を前提としていた塾や予備校は経営が厳しくなっていくことでしょう。

6 世の中は変わるのに教育は明治以来の古いまま

私たちが受けてきた古い教育の前身は、江戸時代の蘭学にあります。江戸時代は鎖国をしていたのですが、実は西洋の新しい学問はかなり入ってきていました。なぜなら、長崎の出島に限定して、オランダと国交を結んでいたので、オランダ語の書物はキリスト教関係でない限り、かなり自由に輸入することができたからです。

だから、西洋の学問をやるということは、オランダ語を翻訳することに他なりませんでした。それが明治になって、英語に変わっただけです。

私たちは文系・理系を問わず、なぜこれほど英語ばかり重視させられてきたのか、それにもかかわらずなぜ喋ることができないのか、その謎がこれで明らかになったと思います。

学問をすることは英語の翻訳をすることである限り、大学入試では当然翻訳力である英文解釈と、それに必要な文法力と日常では使われない単語力が問われることになります。それをどれほどやったところで、日常会話ができるようにはならないのです。英語はコミュニケーションの手段ではなく、欧米の学問を吸収するためのものだったからです。

日本人は近代化を推し進めるにあたって、答えを欧米に求めました。明治の知識人が欧米から答えを探してきてそれを翻訳すると、全ての日本人は疑うことなく、それを吸収しました。正解はどこかにすでにあって、それを覚えるのが教育だったのです。それが明治から現代までに至る日本の教育の本質でした。そして、欧米の模倣のための訓練として、記憶、計算を小学校の時から徹底的にやらせました。

つまり、今までの教育は西洋の技術を模倣して、大量生産するためのブルーカラーの教育か、あるいは、上官の命令を疑うことなく実行するための軍人教育だったのです。

うわべだけは変わりつつあるかもしれませんが、この構造は今も変わっていません。いまだに多くのものを記憶させ、早くて正確な計算を求めます。こんな古い教育を新しい時代を生きていく子どもたちに押し付けていいのでしょうか。

第2章

幼児童教育とは、脳を育てる教育

「早期の過度な外国語教育は逆効果である」
ガーン
は!? なんで!?
ウチの子2歳から英会話習わせているんだけど…
「知識は少ないほどいい」
「受験は不要」
お受験のために塾やいろんな勉強させてるのよ!
一体なんなの!?
逆効果なわけない!!
私も旦那も高学歴、ウチの子は他の子よりかしこいはず!
フゥ〜
ママ〜〜
おなかすいたよ〜
おなかがすいたから、なぁに?
?
おやつが食べたいんでしょ?
うん

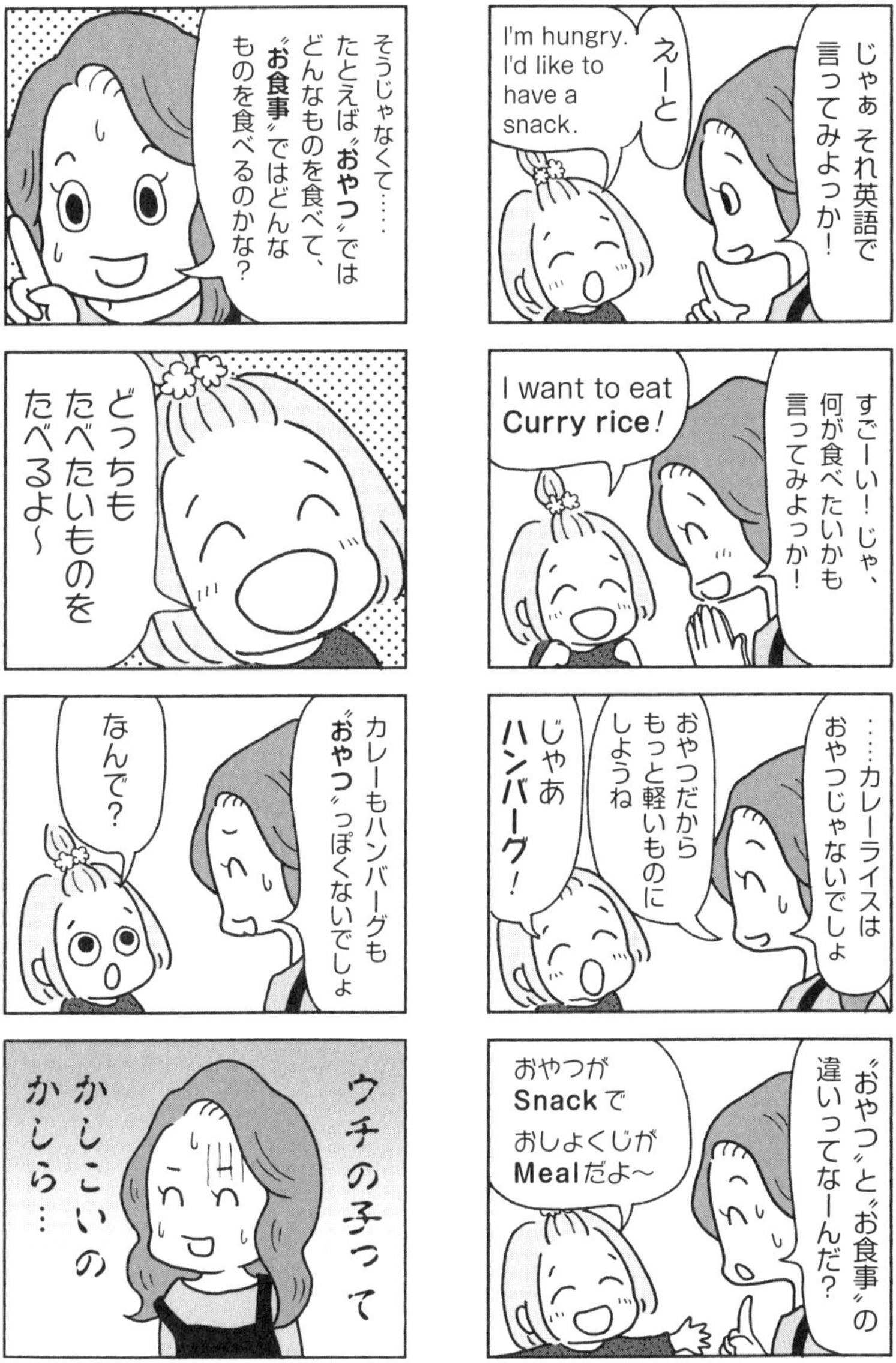
じゃぁ それ英語で言ってみよっか!
えーと
I'm hungry. I'd like to have a snack.
すごーい! じゃ、何が食べたいかも言ってみよっか!
I want to eat Curry rice!
……カレーライスはおやつじゃないでしょ
おやつだからもっと軽いものにしようね
じゃあハンバーグ!
〝おやつ〟と〝お食事〟の違いってなーんだ?
おやつがSnackでおしょくじがMealだよ〜
そうじゃなくて……たとえば〝おやつ〟ではどんなものを食べて、〝お食事〟ではどんなものを食べるのかな?
どっちもたべたいものをたべるよ〜
カレーもハンバーグも〝おやつ〟っぽくないでしょ
なんで?
ウチの子ってかしこいのかしら…

7 脳は6歳までに80%発達し、12歳頃に完成する

「三つ子の魂百まで」という言葉がありますが、最新の大脳生理学の研究によると、子どもの脳は6歳で80%、12歳でほぼ大人並みの脳の機能が成長すると言われています。**人間の脳は12歳までの幼児童期に最も成長する**のです。

この時期に「どのような方法」で、「何を学ぶ」のかによって、子どもの将来は大きく異なっていきます。

12歳までの教育と12歳からの教育はまったく違ったものと考えなければなりません。**12歳までは「脳を育てる教育」**で、12歳以降は「完成した脳に対する教育」ということになります。

アメリカでは、親は幼児教育に一番お金を使っています。なぜなら、幼児教育に投

脳は6歳頃までに約80%が発達する

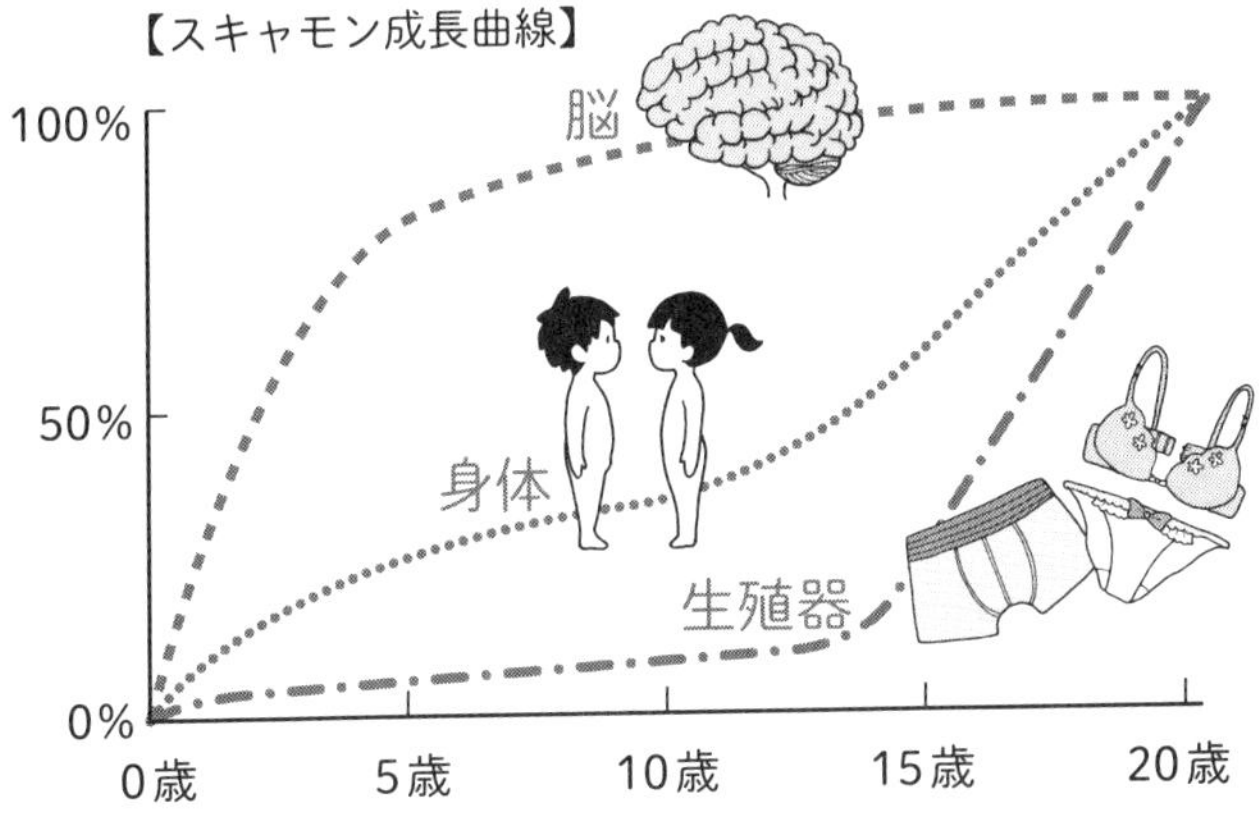

資することが一番効果があるからです。

中学生以上になると本人の努力の問題になりますが、幼児教育は環境次第で、その子の能力を大きく伸ばすことができます。幼児や児童は自分の教育を選べません。親が決定権を持っているので、親がどういう意識でいるかが重要です。

教育熱心だからといって、いい影響を与えるとは限りません。高学歴の親ほど古い価値観や古い教育観で子どもを育てようとするから、むしろ間違った方向に子どもを導いてしまうリスクもあるのです。

8 アインシュタインのアドバイス

20世紀最高の物理学者であるアルベルト・アインシュタインが幼児教育について講演したテキストが残されています。そこでは、創造的な人間を育てるためには、3つのポイントがあると述べています。

一つ目は、**「早期の過度な外国語教育は逆効果である」**こと。

母国語の能力以上に外国語は伸びないので、外国語能力を身につけさせようと思ったら、先に母国語の能力を伸ばさなければならないからです。

そうでないと、思考力が育たずに単なる単語の暗記に終始してしまいます。創造的な脳の働きとは逆ですね。

私もこの考え方に同感で、母国語の能力を身につけるのが最優先だと確信しています。

ただし、英語の「音」だけは幼児の時から聞かせることは大事だと思います。ピアノは3歳までに始めないと絶対音感が身につかないと言われていますが、それと同じように、2、3、4歳はまだ左脳が発達していないので、右脳で情報を処理します。右脳が得意とするのは視覚、聴覚、触覚情報です。言語脳である左脳が発達していないから逆に音を聞き取る能力がものすごくあるのです。

英語の発音には日本語にはない音がたくさんありますが、この時期に英語の音を聞かせていると自然と聞き取れるようになるのです。幼児期に英語を勉強させてはいけません。日常の中で英語の発音を聞かせることが大切なのです。

二つ目は**「知識は少ないほどいい」**ということ。

多くの知識を子どもの頃に与えてしまうと、何も考えずにただそれを飲み込むことに集中してしまい、脳が育たないというのです。

最小限の知識であれば、それを通してなんとかものを考えるようになります。

「これからの時代、記憶計算はコンピュータの仕事だ」と言われます。私もその通りだと思うのですが、この言葉は少なからず誤解を招くところがあります。

というのも、何も記憶しなくていいというわけではないのです。検索すればいいだけの不必要な知識を貯め込む必要はありませんが、ものを考える核となる知識は当然必要ですから、これは覚えなければならないのです。

それはどんな科目・分野においてもそうです。一生使う知識は当然必要です。しかし、それは一生使うのだから、むしろ記憶するのではなく、理解をして身につけるべきものなのです。

たとえば、四則計算は算数の言葉の習得が目的であり、それが未熟であれば、算数の言葉で情報を整理したり、ものを考えたりすることができません。そして、生涯使うものであるから、子どもの頃に徹底的に身につけなければならないのです。

たとえ覚えても使わないうちに忘れていくような知識は、端から覚える必要はないのです。そこを分けて考えなければなりません。一生身につけるような大事な知識なのか、検索すれば済むような知識なのか。本質的な知識はそう多くはありません。

アインシュタインの言う「少なければ少ないほどいい」というのは、そうした本質的な知識を使ってものを考えていくということを指しているのだと思います。

３つ目が、**「受験は不要」**ということ。

なぜならば、せっかく脳を育てようとするときに、試験のための特別な勉強をすることによって、脳の創造的な働きを阻害してしまうからです。それは小学受験でも中学受験でも同じです。

私立のこの学校に行きたいからと受験するのは全然問題ありません。ただし、特殊な試験勉強を途中で織り込んでしまうのがよくないのです。本当に力があれば、試験のための勉強などしなくても合格するのです。

志望校の過去問題を見て、１、２カ月程度勉強するのは構いませんが、受験対策と称して１年も２年も特殊な勉強をやらせるのは、創造的な脳を育てるには逆効果でしかありません。

東大や国立の医学部の学生に聞くと、試験勉強を死ぬほどやった子どもは半分にも満たないのです。しかも努力して合格した子に限って、入学した後に研究についていくのに苦労しています。

優秀な子はがむしゃらに勉強するのではなく、楽しみながら、余裕を持って学習していきます。「一を聞いて十を知る」勉強法が身についているからです。だから大学に入ってからも伸びるし、国家試験にも余裕で合格しています。世の中のリーダーになっていくのは、こういう子たちなのです。

受験勉強に特化して勉強してきた子どもは、その努力にかかわらず、途中で頭打ちになってしまうのです。それに対して、優秀な子たちは、自分の頭で考えるということを常日頃から行っているので、新しい時代にもすぐに対応できることでしょう。

アインシュタインは60年以上前に亡くなった人ですが、その教育に関する考え方は、まさに今の時代を予言しており、さすがとしか言いようがありません。

9 右脳と左脳の育て方

では、新しい時代に活躍するためには、子どもにどのような能力を身につけさせたらいいのでしょうか？

一つは**論理的な言語**です。自動翻訳機もＡＩも論理的な言語でなければ、理解することができません。物事を理解するのも、思考するのも、人に伝えるのも論理的な言語によることが多いのですが、これについては後に詳述しようと思います。

もう一つ大切なのは**想像力とそれに伴う感性**です。

現実に存在するものの延長で考えることができるものは、これからはすべてＡＩが実現していくことになるでしょう。それならば、現実に存在しないことをイメージできる想像力こそが何よりも重要になっていきます。自分の脳に喚起されたイメージを実現するために、ＡＩやロボットを利用するのであって、そもそも新しいことを想像できなければ、結局はＡＩやロボットに取って代わられる仕事にしか従事できなくなるのです。

感性を磨き、豊かな想像力を身につけるためには音楽や芸術が非常に効果的です。そのために「出口式みらい学習教室」では音楽やダンス、美術などを重視しています。ミュージカルを教育プログラムとして組み込むことも、すでに海外でも効果が実証されているのです。

特に、まだ左脳（言語脳）が発達していない幼児はその分右脳が働きやすいので、音楽や芸術によって感性を磨き上げるのには最適な時期だと言えるのです。だから、家庭においても、クラシック音楽を聴かせたり、工作やお絵かきをさせたりすることがとても重要なのです。この時期は指先の運動も重要になってくるので、幼児期にピアノやヴァイオリンを習わせるのも効果的です。

幼児期はまだ左脳が発達していないからといって、右脳ばかりを過度に刺激することには注意が必要です。言語によって物事を整理し、思考することが苦手な、感覚的な子ども、あるいは情緒不安定な子どもに成長してしまう可能性があるからです。

確かに右脳が発達する時期にそれを刺激することは大切ですが、それと同時に、徐々に言語脳を鍛えていかなければなりません。その微妙なバランスが、創造的な脳を育てることになるのです。

そのために必要なのが物語の読書と、後述する漢字教育なのです。

10 想像力を育む物語の効用

神話や童話を初めとする様々な物語を幼児童期に読ませることは、子どもたちが社会で活躍するための大切な能力を育むことになります。

物語を読むことで、言葉によってイメージを喚起する力を養うことができます。ウサギとカメが会話をするなんて、現実世界ではあり得ません。おとぎの国はどこにも存在しないし、私たちが王子様やお姫様になることも現実世界では適わないことです。ところが、物語では現実にはあり得ないことが何でも起こりうるし、また言葉の力によって様々な疑似体験を行うこともできるのです。

こうして獲得したイメージ喚起力がこれからのＡＩ時代にいかに大切かは、すでに本書で指摘してきたとおりです。

漫画やアニメも確かに現実にあり得ない世界を表現しているのかも知れませんが、

これらは映像としてすでに完成されたものとして子どもの前に提出されます。だから、逆に言葉の力でイメージを作り上げる能力が育たなくなるのです。

人間は誰でも楽な方へと流れる傾向があります。特にこの時期の子どもは自ら努力しようとはあまり思わないので、すでにできあがったものを楽しむだけの、受動的な態度となり、それが習い性となってしまう可能性が強いのです。

幼児童期には物語をふんだんに読ませることにしましょう。それが子どもたちの想像力をかき立て、イメージ喚起力を鍛えることになります。そのことが言葉の力によってなされることから、徐々に右脳だけでなく、左脳もバランス良く発達させることができるのです。

11 子どもの脳を育てるのに、一番大切なのは環境づくり

シンガポールの日本人学校に行ったときのことです。

その学校では、私が開発した「論理エンジン」を授業に使っていたので、ある時に呼ばれて講演をしに行きました。

その中学校ではたまに生徒たちに日本で行われる模擬試験を受けさせるのですが、偏差値平均が70を超え、日本ならば灘・開成レベルの成績を取ってきます。灘・開成の場合、出来る子どもが受験してその中から選抜されて入学してくるので、偏差値平均が高いのは当たり前なのです。それに対してシンガポールの日本人学校は、選ばれた子が入ってくるわけでもないのにみんな成績がいいのです。校長先生に話を伺うと、過度な勉強はさせていないそうです。治安の関係で早い時間に帰宅させていました。

では、何が違うかといえば、生徒たちを包む環境が違っていたのです。

私は、中1から中3の子までを前にして体育館で講演したのですが、中1といえばこのあいだまで小学生だった子たちですね。中3の生徒とはずいぶん顔つきも違います。

どのあたりを対象に話せばいいのか聞いたところ、校長先生から「大人を相手にするレベルで話してください。うちの子たちは大丈夫ですから」と言われました。

90分間、大人に話すように難しい言葉も嚙み砕かずに話をしました。その間、生徒たちはひとつもざわつかずに真剣に私の話に聞き入っていました。

話し終わった後、生徒たちは専用の掲示板に一斉に感想を何行にもわたって書き始めました。日本では経験したことがない光景でした。終わった後にすぐさま消化して、みんなで話し合って、理解したことや気づきについて自分の意見を書きこむのです。

「なんでみんなこんなに優秀なのですか？」と先生に聞いたところ、「環境ではないでしょうか」という答えでした。

シンガポールの日本人学校に通わせている親は、成功者が多いのです。みな教育熱心で、そんな環境に入ることで自然とできるようになるのではないかということでした。

これは逆に言えばシビアな現実にも気づかされます。つまり、周りの環境がよくなければ、子どもは成長しないということなのです。

脳を育てるのは環境次第です。ところが残念なことに、今の日本には、学校や塾で脳を潰す教育はあっても、育てる環境がどこにもないのです。

多くの保育園、幼稚園は子守の延長です。脳を育てる教育は行われていません。子どもの未来をつくるには、親が環境を作る以外に方法がないのです。それにはまず親がこれからの教育のことを知って勉強しないとダメなのです。

12 「教える」のではなく、「学ばせる」

教育には「教える教育」と「学ばせる教育」があります。

教える教育とは、解答能力をつけることを目的にしていますから、暗記や計算することが学習の中心になります。これが旧来までの教育です。

しかしこれは、あらかじめ「正解」が存在することを前提にした教育であり、自ら課題を探し解決することが重要になってくる社会においては、役に立ちません。

あらかじめ用意された答えを忠実に実行するロボット人間ができ上がるだけです。

しかし、そうした能力においては人間はロボットには勝てないのです。

また、「教える」ことは、「できる・できない」の評価につながり、勉強嫌いの子どもをつくる要因になりかねません。

大切なのは、一生にわたって意欲を持って学び続ける人間を育てることです。子どもも時代に学びに対して楽しさや喜びを感じなければ、それは難しいでしょう。

これに対して**「学ばせる教育」では、自分で考えさせる指導がメインになります。**けっして用意された答えを与えるようなことはせずに、子どもたちが自らの力で一つ一つ真実を発見していく過程を大切にします。

自分で考え抜くことによって、学ぶ楽しさを実感します。自らが発見することで自己肯定感にもつながっていきます。

大切なことは教えることではありません。子どもが自ら発見することがとても大事なのです。

子どもが論理を発見する仕掛け（環境）をつくるのが大事であって、教えることが目的ではありません。

こらえきれずに親が答えを教えると、次からは子どもは親が答えるのを待つようになります。あるいは親の答えを疑うことなく信じ込むので、自分の頭で考えるということをやめてしまいます。

できたできないで一喜一憂するものでもありません。早く正解にたどり着くのがいいのではなく、子どもが自ら発見することに意味があるのです。

分からなくても、間違っていてもいいのです。「どうして」と問いかけて子どもに考えさせます。

教えるのではなく会話しましょう。そこで親が考えつかないような答えが出てきたらほめてあげるのです。

子どもが自ら発見して検証するうちに、論理的思考力が身につきます。そうなれば、自分の頭で考えることが楽しくなってくるはずです。

それが脳を育てるということです。

13

子どもは自分の力で脳を育てる

まだ複雑な情報が何も書きこまれていない幼児童期の脳に、最新かつ最高の概念を与えれば面白いように子どもたちは質の高い知識を吸収していきます。そして高い知性を持った子どもは「考える」ことで、自らの脳を育てあげるのです。

脳を育てるのは、子ども自らの考えるという行為ですが、その環境を用意することが大人である親の役目なのです。

一方的に先生が話をする講義形式の授業や、学習塾の詰め込み式の授業では、幼児童は飽きてしまいますが、子どもたちが自ら発見していく「学ばせる」授業ならば、子どもたちは頭をフルに働かせ目を輝かせながら教材と向き合います。

その姿は、「勉強」というよりも「遊び」といった方がいいでしょう。

今の児童教育では、子どもの能力は環境によって決まると言われています。これは私の経験からいっても事実です。ものを考えることができるような環境を作ってあげれば、その仕掛けによって子どもたちは気づくのです。

子どもたちは先生に答えを求めるのではなく、自分で考え、自分で発見し、そして自分で検証して、概念を獲得して、それを使って、さらに上の概念を発見していきます。

その繰り返しの中で、**自分で考えることができる創造的な脳が育つ**のです。12歳まではそのような「学び方」がふさわしいのです。

14 子どもと一緒に親も学ぶ

私たち大人には、「国語はこうあるべき」「算数はこうあるべき」という固定観念ができあがっています。それは自分がこれまでに受けてきた教育を反芻しているにすぎません。それが正しいのかどうか、何の検証もなく古い教育を子どもたちに押し付けるのは罪でしかありません。

新しい学びを子どもがやっているときに**一番壁になるのが、古い価値観を持った先生と親**です。

私は、開発した教材で幼児期の子どもたちを学ばせる際には、必ず親に同伴してもらいます。これは単なる付き添いではありません。一緒に授業を受けてもらい、カリキュラムに取り組んでもらいます。いったん凝り固まった頭を真っさらにするためにも一緒に授業を受ける必要があると考えるからです。

せっかく教室で自らの頭で考える訓練をしても、家に帰ったら、「なんでこんなことができないの」などと親が台無しにしてしまう可能性があります。親にも子供への接し方を学んでもらうために親子同伴にしているのです。

また、教室を離れた家庭での生活も学びの延長になります。親が新しい教育を体感して、家庭でも生かしてほしいと願っているのです。

親も、子どもの成長を目の当たりにして、新鮮な学びに刺激を受け、改めて学ぶことの「楽しさ」や「必要性」を実感することがなによりも大切なのです。

「出口式みらい学習教室」で指導するのは、実は子どもよりも親に対してなのです。なぜなら、幼児童の教育は結局のところ家庭での教育が基本になります。週に一時間ほど教室に通ったところで、それで子どもの能力が飛躍的に高まるわけではありません。あくまでそれは新しい教育の仕方を指導するためであり、それを受けて保護者の方が自分の子どもに向き合ってほしいのです。

自分の子どもの教育を他人任せにする限り、子どもの反抗期を乗りこえることはできません。親が子どもを教えることにより、子どもを通して親も学ぶのであり、そのことで良好な親子関係を構築していくことが大切なのです。

また子どもが何かを考えたなら、たとえそれが間違っていても、「よく考えたね」と褒めてあげることが大切です。子どもは自己承認欲求が強いですから、親が褒めてあげることで自信がつき、ますます学ぶことが好きになります。

間違っても怒らないで考えさせることです。人から認められていると感じるので自己肯定感も育っていきます。自分を愛するような子どもになり、自分を愛することができれば他人を尊重することもできます。コミュニケーション能力もつくので、リーダーとしての資質が身につきます。

15 学びは遊び

私は「勉強」という言葉が嫌いです。

「勉強」は「勉める」、「強いる」と書きますよね。つまり所詮は押しつけなのです。子どもの自由を奪って、頑張れ、努力しろというから、子どもは勉強が嫌いになるのです。その結果、試験の成績が悪かったなら、努力不足と子どものせいにしてしまいます。

子どもは幼ければ幼いほど単純であって、楽しいか楽しくないか、判断基準はこれしかありません。勉強が大切だとか、将来役に立つとかは、大人の価値観でしかないのです。子どもは楽しければ、放っておいても学び始めるものです。

もともと、学ぶことは遊びでした。

たとえばギリシャ時代、貴族は働きませんでした。働くのは奴隷の仕事だったのです。ということは貴族は一生遊べばよかった。一生遊ぶといっても、すぐに退屈するから大変なのです。本当に深く遊ばないと飽きます。それが哲学であったり文学であったり演劇として発展していったのです。

あるいは、平安時代は後宮文化が生まれます。お姫さまも女房も炊事洗濯はやらない。一生遊べばいい。だから、物語やエッセーや和歌や、あるいは管弦などの音楽が発達しました。一生遊ぼうと思ったら、ものすごく深いところまでいかなければなりません。

アルタミラの洞窟の動物の絵を何かの本などで見たことがあるでしょう。原始時代に描かれた見事な絵です。普通の原始人が、なぜかくも見事な絵を描けたのか。

理由は簡単です。暗くなったら動物に襲われるかもしれない。だから、洞窟にみんな隠れてじっとしているわけです。

もともとは狩りが成功するようにといって、動物の絵を描いたのですが、洞窟の中にじっとしているのは退屈ですから、もっとうまく描きたいと、躍動する動物たちを深く観察するようになります。彼らにとって絵を描くことは遊びに他なりません。だから、私たちみたいに、忙しい日常生活の中で絵を習って描く人よりもはるかにうまくなっていきます。

これが学ぶということです。

まさに学びは遊びの中から生まれてくるのです。子どもたちが面白がって、自らもっとやりたくなる環境づくりが大事なのです。学ぶことが楽しいと感じるならば、その子は一生学んでいきます。

子どもにとって学びは「遊び」であるという認識を是非持って下さい。楽しいから学ぶのです。

頭を使って世界を捉え、いろんな発見をするならば、こんな楽しいことはないのです。生き生きとして学ぶはずなのです。それは遊びだからです。

第3章

未来を切り拓くのは「論理力」

大きな耳とまんまるの目がとってもキュート!
フレンドリーで甘えん坊、世界最小!
チワワ!!
ピンポーン!!
好奇心旺盛で遊ぶの大好き!
甘え上手なフワフワちゃん!
ポメラニアン!!
ピンポーン!!
飼い主に忠実!
クールで媚びないツンデレちゃん!
しばいぬ!!
ピンポーン!!
くるくるフワフワのカーリーヘア!
ぬいぐるみのようなキュートさでいろんな色がいます!
トイ・プードル!!
ピンポーン!!

かしこくて
フレンドリー!
盲導犬や警察犬
としても大活躍!
ラブラドール・レトリバー!!
ゴールデン・レトリバー!!
ピンポーン!!
大きな〝コウモリ耳〟と
短い鼻がユーモラス!
人懐っこくて
元気いっぱい!
フレンチ・ブルドック!!
ピンポーン!!
これらに共通
することは?
犬!!
犬
わかったわよ!
飼っていいわよ!
ちゃんと世話してよね!
やったあ〜♪

16 カオスの世界から論理の世界へ

今から目をつぶって、言葉を使わずに何かを考えてみて下さい。

できましたか？

「先生は何を言いたいんだろう」と思った人は、言葉を使うという反則を犯したことになります。「分からない」も言葉で、言葉を使わずに「分からない」と思うことすらできません

では、今度は言葉を使わずに何かを感じてみてください。

「暑い」「寒い」も言葉です。私たちは言葉を使わずに、「暑い」「寒い」を認識することはできません。

では、たとえば、犬や猫は「暑い」「寒い」を感じることはできるのでしょうか？

もちろん、神経がある限り、「暑い」「寒い」と感じることはできるはずです。しかし、犬や猫は人間のような言葉を持たないので、それらを「暑い」「寒い」と認識することはできないのです。皮膚や神経で何となく温度を感じているだけで、それはけっして明確なものではありません。

言葉がなければ、私たちは突然カオス（混沌）の世界に投げ出されてしまいます。

旧約聖書は「はじめに言葉ありき」で始まります。それ以前の世界は天と地が分かれていないカオスの状態だったのです。

しかし、天と地が分かれていない状態では当然人間も存在していないはずですし、人間がいなければ言葉も生まれていないはずなので、そういった意味では「はじめに言葉ありき」は矛盾していることになります。

宗教的な意味はともかく、言語の観点から私はこう解釈します。人間が存在しはじめた頃も、今と同じように天と地は明確に分かれていました。しかし、言葉がなければ天は天でなく、地は地でなく、すべてがカオスの状態だったのです。人間が言葉を獲得した瞬間、天は天となり、地は地となったのです。

だから、言葉が天と地を創造したのであって、それゆえ、言葉は光であり、力であり、神だったのです。

世界の始まりが言葉とともにあったというのは、人間とはなにかを表しているのだと思います。**人間が他の動物と大きく違うのは言葉で世界を整理できる**ところだからです。

幼児期は言葉の習得の時期でもあります。一つ一つ言葉を習得するたびに、子どもの世界の整理の仕方が変わるのです。子どもは私たちが気がつかないところで、世界を創造するドラマを演じているのです。

17 言葉は論理とともにある

言葉を使うということは、そこに論理が発生しています。論理は言葉とともにあるのです。

たとえば、「死」という言葉を例にして考えましょう。

犬や猫には「死」がありません。なぜなら、「死」という言葉を持たないからです。

もちろん犬や猫は吠えたり泣いたりすることで意志や感情を表すことができるので、言葉を持っていると言えるのですが、人間のように言葉で世界を整理することができません。それゆえ、言葉で「死」を考えることができないのです。

だから、「死」について本能的に感じることはあったとしても、人間と同じように死に対する恐怖を感じることはできません。気がついたら死んでいるのですから、犬や猫には「死」という概念は存在しないと言えるのです。

それに対して、人間は「死」という概念を持っています。いずれ自分も死ぬと考えています。自分だけが死なないでいつまでも生き続けると考えてもよさそうなものですが、そうは考えません。なぜなら、たくさんの人が例外なく死んでいくのを見ているからです。

一人ひとりの死は具体的なものですが、そこからすべての人間は死ぬという共通点を導き出します。それを抽象というのですが、ここでは**「具体」→「抽象」**という論理を自然と使っているのです。

さらにすべての人間が死ぬという「抽象」から、自分も死ぬという「具体」を導き出してしまいました。**「抽象」→「具体」**という論理的な思考を使ったのですね。

それゆえ、人間は死について考えるようになり、死への恐怖が芽生え、死後の世界についても思いを及ぼします。

このように、具体から抽象、抽象から具体という論理的な考え方を**「イコールの関係」**と言います。

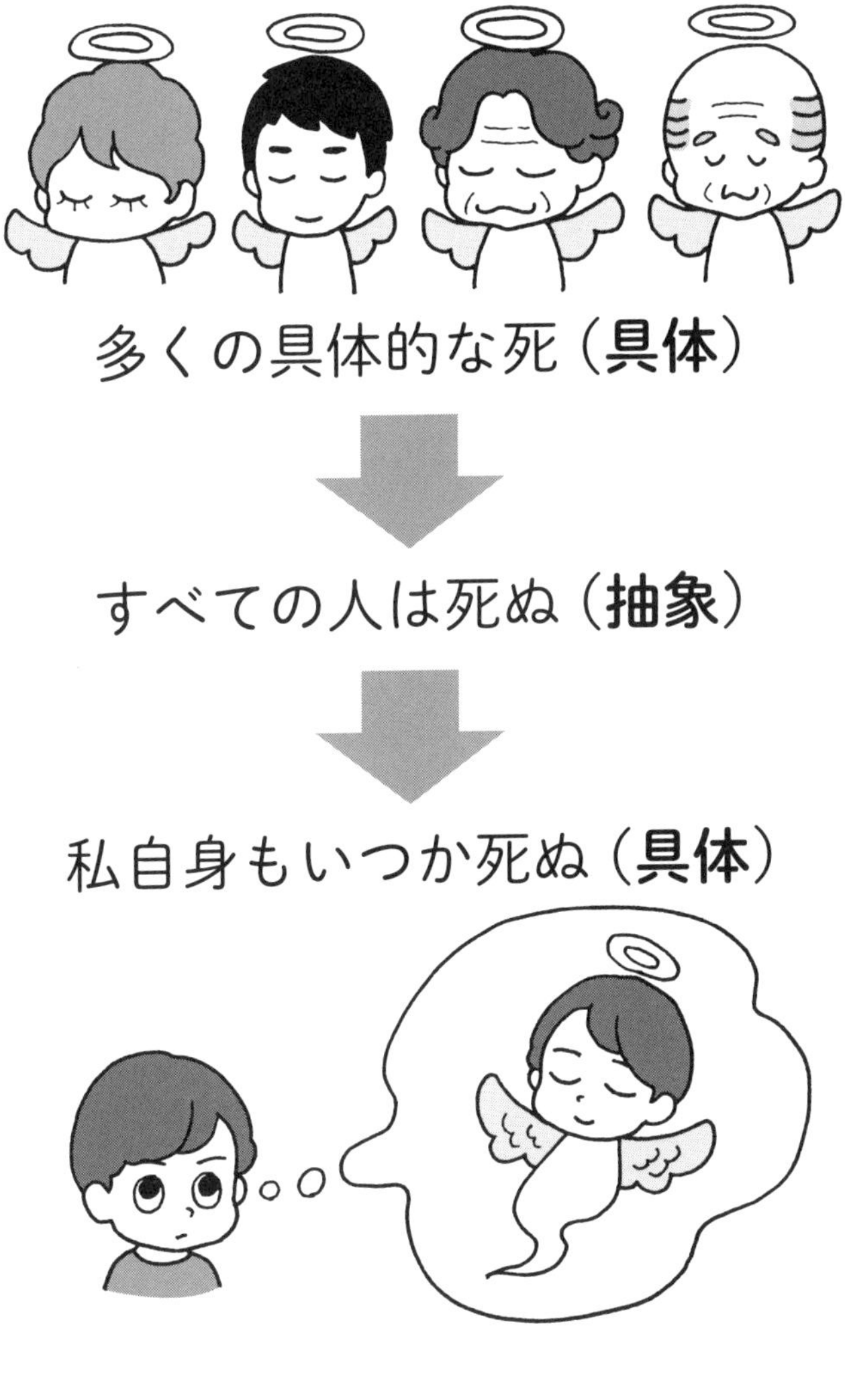
多くの具体的な死（**具体**）
すべての人は死ぬ（**抽象**）
私自身もいつか死ぬ（**具体**）

「死」という概念が生まれた時、同時に「生」という概念も生まれます。これが「対立関係」ですが、人間はそのためにいかに生きるべきかという思いに至らせるのです。人は必ず死ぬことが決まっているのですから、時間という概念が同時に生まれ、青春ははかなくて、切ないものとなります。

宗教も文学も哲学も、「死」という言葉がなければ生まれていなかったでしょう。このように私たちは「イコールの関係」「対立関係」を使って、世界を整理します。「空と大地」「空と海」「男と女」「神と悪魔」「勝利と敗北」「好きと嫌い」「暑いと寒い」「おいしいとまずい」「善と悪」など、あらゆるものを「対立関係」で整理することで、秩序ある世界を作り出し、その中でようやく安心をするのです。

論理とはけっして難しいものではありません。逆に、論理は言葉とともに生まれた世界共通の約束事であり、誰にとっても身近なものなのです。

人間の社会がすべて論理という約束事で成り立っている限り、子どもたちに言葉＝論理として理解させることが必要です。幼児期に自然と言葉を論理的に使えるようになったなら、その後の学習は飛躍的に伸びるに違いありません。

18 奇跡の人ヘレン・ケラーに起こったこと

論理を子どもたちに身につけさせたら、本当に子どもはガラッと変わります。そうした子どもの変わる姿を見るたびに、私はヘレン・ケラーのことを思い出します。

ご存じのようにヘレン・ケラーは幼い時から三重苦を背負っていました。

想像してみてください、ヘレン・ケラーの世界を。目が見えない、つまり真っ暗な世界に生きています。親の顔も分からない。耳が聞こえない。音がないのです。しゃべれない。言葉がないから頭の中はカオスです。そして手が付けられない少女になります。

たとえば、おなかが空いたので、テーブルについたとしましょう。何か食べ物をと思って手を差し出したら、うっかりと熱いスープのお皿に指を突っ込みました。これはびっくりします。ギャッと叫んで、スープの皿をひっくり返します。スープは飛び散り、周りが大騒ぎになってもヘレン・ケラーの身には何も起こっていません。なぜならどんなに大騒ぎになっても見えないし、聞こえないわけですから。指がじんじん熱いだけです。

エピソードによると、サリバン女史が言葉を教えたといわれていますが、実はサリバン女史が来るまでに言葉はいくつか覚えていたようです。

では、サリバン女史が来て何が起こったのでしょうか。

ある時、サリバン女史はヘレン・ケラーを外に連れ出して、屋外で井戸の水をいっぱいに出して、その下にヘレン・ケラーの体を無理やり押し込みました。見えないし音も聞こえないから、突然冷たい水が体に当たり、ヘレン・ケラーは当然怒ります。その時にサリバン女史は、ヘレン・ケラーの手のひらに必死で何度もウォーターと書いたのです。そしてヘレン・ケラーはある瞬間気がつきます。これはウォーターという言葉だと。

飲み水もウォーター、今体に当たっている何か冷たいものもウォーター、それぞれ違うものなのに同じウォーターという言葉で表されることに気がつくのです。

その瞬間に、ヘレン・ケラーは**世界は言葉で整理できている**ことを発見したのです。「世界は言葉で整理できていることを発見した」ということは、**「具体と抽象の関係を発見した」**と言い替えてもいいでしょう。

さっき飲んでいた水は具体です。いま体に触っている水も具体です。それが同じ「ウォーター」という抽象で言い表わされることをまさに体感したのです。

これは衝撃的だったろうと思います。

それまでヘレン・ケラーはカオスの世界にいたのですから。言葉を一つ覚えるたびに世界はより精妙に整理されて、ヘレン・ケラーの頭によみがえってきます。

私たちは子どもの時に言葉を覚えることによって、徐々に世界の整理の仕方を身につけていきます。けれども、見えている世界に変化はありません。

ヘレン・ケラーの場合は、何も見えない、聞こえないのですから、世界のとらえ方が変わるということは、彼女の世界そのものが変わることを意味していました。そのことは、学問の世界にそのままつながっていきました。やがてヘレン・ケラーは大学に行き博士号を取ります。これが『奇跡の人』のお話です。

なぜこのエピソードを思い出すのかと言えば、理由は二つあります。

よく皆さんは子どもに対して、頭がいい、悪いと言います。

確かに一人一人、異なる遺伝子を持っています。遺伝子は先天的なものです。恐らくヘレン・ケラーはあっという間に博士号を取ったのですから、遺伝子的には優秀だったのでしょう。でも、サリバン女史が論理を教えなかったら、手がつけられない少女のままだったのです。

それは**論理力が後天的に学習訓練によって身につけるもの**だということを意味します。

そして、世の中で活躍できるのは必ずしも遺伝的に頭が良いとされる人ではなく、後天的に論理力を修得した人なのです。

もう一つの理由は、**子どもの成長にとってサリバン女史が必要だ**ということです。

ヘレン・ケラーもサリバン女史に出会わなければ、いつまでも手のつけられない少女のままだったかも知れません。

しかし、残念なことにすべての幼稚園、保育園の先生、小学校の先生にサリバン女史を期待することは現実的ではありません。

ですから、私は子を持つ親御さんにサリバン女史になってほしいのです。誰かが論理の大切さを教え、一定の訓練をすることで、その後の子どもの成長が違ったものになるのですから。

19

「具体・抽象」が論理の始まり

大昔、初めて人間が「男」という言葉を持ったとしましょう。男という言葉がない時には、Aくん、Bくん、Cくんと具体的に認識しなければなりませんでした。言葉を持つことで、Aくん、Bくん、Cくんの共通点を抜き取った「男」という抽象概念が生まれました。

なぜ男という言葉を必要としたのかといえば、女を意識したからです。でなければ人間という言葉で十分ですから。男という言葉は抽象であり、同時に女を意識したから男が生まれた。そこに対立関係が生まれているのです。まさに**言葉そのものが論理**なのです。

天⇕地、暑い⇕寒い、好きだ⇕嫌いだ、おいしい⇕まずい、正義⇕悪…私たちは言

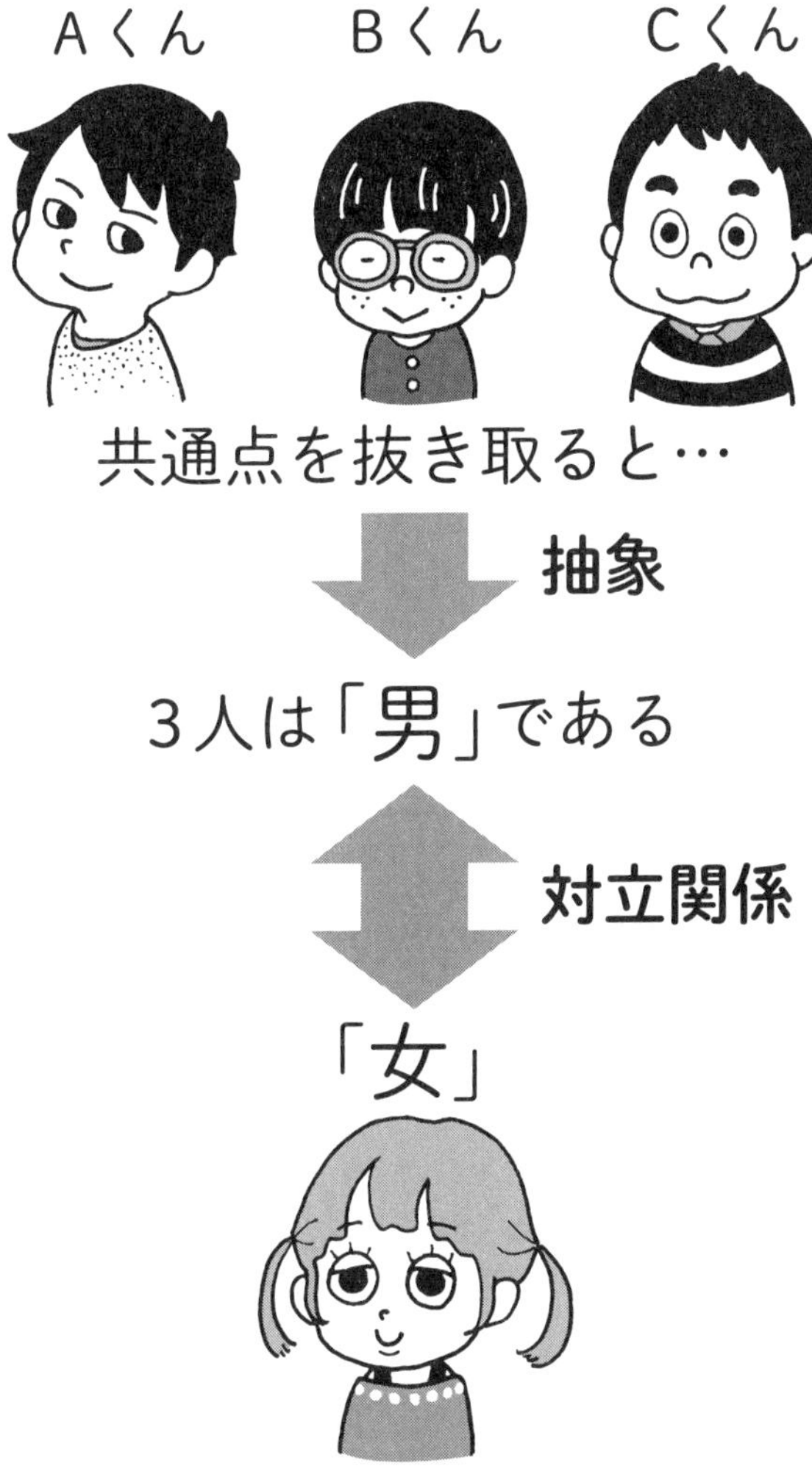
Aくん
Bくん
Cくん
共通点を抜き取ると…
抽象
3人は「男」である
対立関係
「女」

葉がなかったらカオス（混沌）ですが、言葉を持つことで世界を整理できます。その結果、ものごとを考えることもできるし、それを人に説明することもできるのです。

私たちは「イコールの関係」と「対立の関係」で世界を整理しています。 言葉を子どもに与えるとき、同時に論理を与えればよいのです。それを幼児教育でやってほしいのです。小学校に入ってから、記憶できない子、うまく考えることができない子、記述問題が解けない子たちは、論理を見つけられないからうまくいかないのです。

文章を読むときには言葉の数だけ意味があります。それを等分に頭に入れたら、頭の中がごちゃごちゃします。まさにカオスです。ごちゃごちゃするから考えることができない、説明できない、答えることができないのです。

あらゆる情報を頭の中で論理的に整理することができるから、理解できる、記憶できる、考えることができる、説明ができるのです。

ニュートンは、リンゴが木から落ちるのを見て、万有引力の法則を考え出しました。リンゴが木の枝から離れたなら地面に落ちるということは、誰もが体験的に知っている現象です。ところが、ニュートンは同じ現象を表現を変えて説明してみたのです。リンゴと地面は引っ張り合っていると。リンゴと地面が引っ張り合えば、地面は動かないので当然リンゴは落ちることになります。

この時、ニュートンははっと気がついたのでしょう。ペンを机に落としたなら、ペンと机は引っ張り合っていると言えるし、尻餅をついたなら、お尻と地面は引っ張り合っているとも言えます。これらはすべて具体的な現象ですが、それを一般化することで、「すべての物と物とは引っ張り合っている」というニュートンの法則ができあがったのです。

何ということはない、ニュートンは具体↓抽象という「イコールの関係」を使ったに過ぎなかったのです。

私たちは今この瞬間、太陽の周りを廻っているということを体験的に確かめることはできません。しかし、ニュートンは「すべての物と物とは引っ張り合っている」ならば、当然太陽と地球も引っ張り合っているだろうと考えました。太陽の方が地球よ

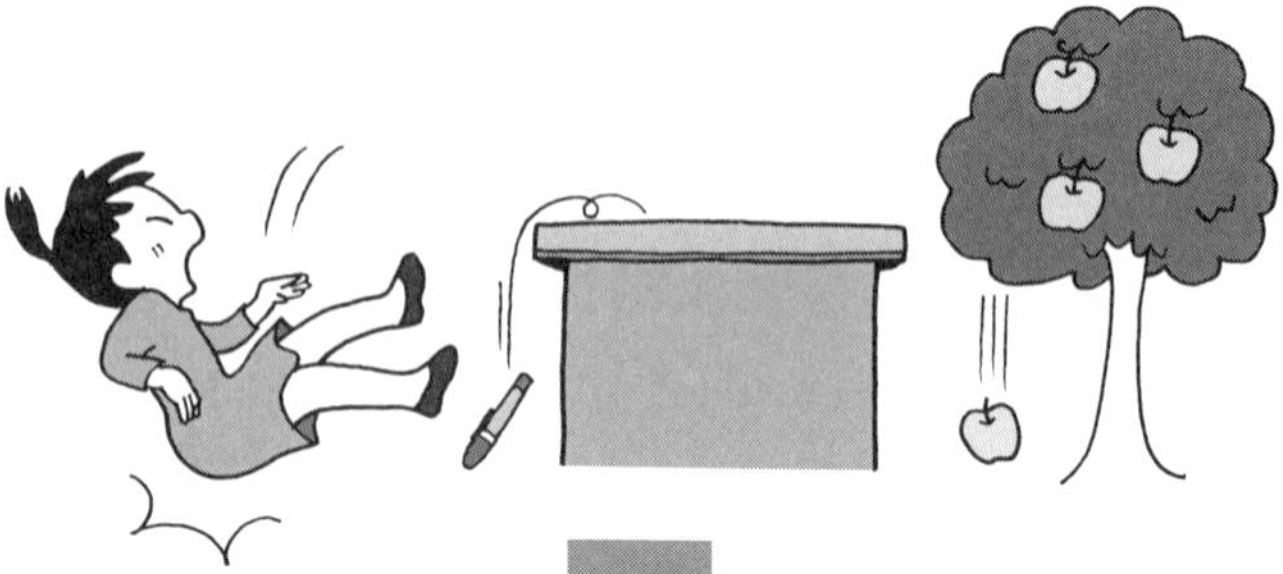

抽象

すべての物と物は引っ張り合っている
（ニュートンの法則）

具体

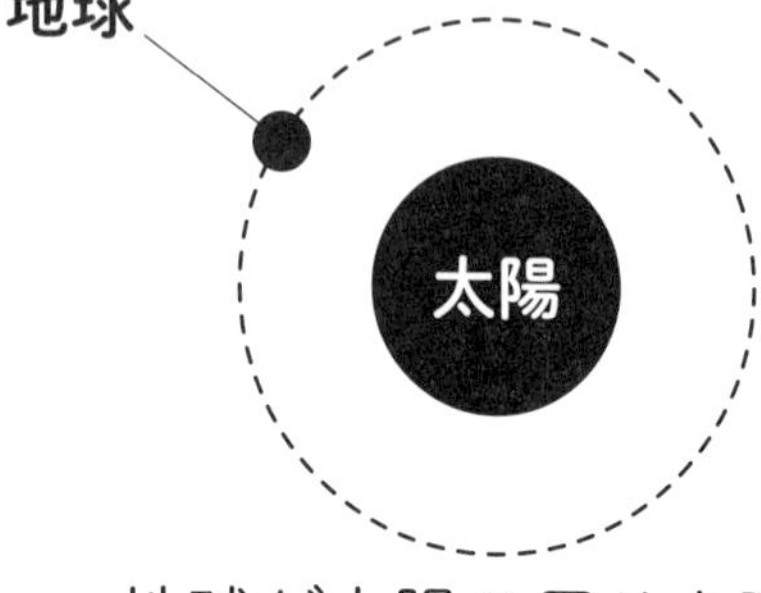

地球が太陽の周りを廻る

りもはるかに重たいので、お互いに引っ張り合えば、地球は太陽の周りを廻るしかありません。

つまり、今度はニュートンの法則（抽象）から、地球が太陽の周りを廻るという具体的な現象を説明したのです。このように私たちは目に見えないもの、体験できないものにまで、論理を使って考えることができるようになったのです。

論理力を身につけることは、ただ現象面を見るのではなく、そこから本質を見出せるようになるということです。私は、子どもたちにそんな能力を獲得してほしいと願っているのです。

論理力がない人は、論理的に考えることも、読むことも、話すことも、書くこともできません。

逆に言うと、**論理力を獲得すれば、論理的に考え、論理的に読み、論理的に話し、論理的に書くことができるようになります。**

実は、論理とは簡単な規則に従った言葉の使い方です。その規則は普遍的であり、世界中で通用するものです。

その規則を理解せずにものを考えようとするから、結局ぼんやりしてしまったり、独りよがりの思いつきになってしまったりするのです。

幼児の頃から、論理という言葉の規則を理解し、それを使いこなす練習を一定期間することで、一生モノの論理力を身につけることができるのです。

20 因果関係が思考の中心

論理とは「イコールの関係」「対立関係」「因果関係」といった、たった三つの言葉の使い方の法則に過ぎません。それともう一つ、「要点と飾り」も欠かすことのできない法則と言えるでしょう。これらはすべて論理的な関係と言うこともできるのです。

私たちは「イコールの関係」「対立関係」で世界を整理しているとすでに指摘しました。そして、物事を考えたり、思考を前に進めたりする時には「因果関係」を使うことが多いのです。

「因果関係」とは、原因（理由）と結果の関係ですが、物事にはすべて理由があると考えることが前提です。だから、欧米人は主張には必ず理由付けをします。ところが日本人は一々理由を述べなくても分かっていると考えるので、すべてを「何となく」で済ませ、論理的に考えることが苦手なのです。

たとえば、日本の子どもは「お水をちょうだい」だけで済ませてしまいます。ひどい場合は「お水」と単語だけで伝わると思っているのです。それに対して、欧米の子どもたちは「お水をちょうだい。なぜなら、今喉が渇いているから」と伝えます。水を欲しいのは、もしかすると、鉢植えの花に水をやる必要があるのかもしれないし、絵の具などを溶かすのに必要かもしれないからです。ところが、日本では、それは状況を見て判断できるので、一々理由を説明する必要がないと考えます。

こうしたことは文化の違いであり、日常生活においては大した問題ではないのですが、子どもたちの脳を育てる上では大きな障害となってしまうのです。つまり、日本の子どもは論理的に物事を考えるよりも、すべては何となくというやり方で事を処理してしまうのです。その結果、論理的な思考力が育たなくなってしまいます。

一つ、例を挙げましょう。小学校一年になると、「生活」という教科を勉強することになります。その「生活」という教科書を開けてみると、たいていどの教科書でも「あいさつ」から始まっています。たとえば、ご飯を食べる時は「いただきます」という具合に。

これから脳を育てようという大切な時期に、最初に答えありきが今の教科書なのです。ご飯を食べる時は「いただきます」と言いなさいと、有無を言わせず決めつけられるので、子どもはただそれに従うしかありません。素直に従えばいい子、従わなければ悪い子とされてしまいます。

「出口式」の教材ではあいさつ一つでも子どもたちが自分で考えるように仕向けていきます。最初に答えありきではなく、必ず「なぜ？」から始まります。ご飯を食べる時、この牛肉はどこから来たの？　と問いかけます。誰が牛を育てたの、誰が牛を殺したの、牛は殺される時何と思うかな、牛は人間や犬や猫と同じ哺乳類だけど、魚は殺される時、やはり悲しいのかな、牛と魚の悲しさは同じなのかな、と。答えは必ずしもありません。大切なことは正解を求めるのではなく、何に対しても考える力を身につけることなのです。

食器は誰がどこで作ったの、どうやって運んだの、値段はどうやって決めたの、など、身近なものから次第に抽象的なものへと考えていきます。ご飯一つとっても、自然、命、経済、法律、社会と、思考の幅はどんどん広がっていくのです。その結果、子どもは一人では生きていくことができないと理解し始めます。そして、多くの命をいただくことで、初めて自分の命を生かせるのだと自覚するのです。だから、自然とご飯を食べる時には、「いただきます」と感謝の言葉が出始めます。

こういったことは何も教材がなくとも、普段から親子で「なぜ?」という習慣を持つことができれば大丈夫です。ただし、親が答えを持っているという姿勢で子どもに教えるのではなく、**「どうしてだろう、不思議だね」**と、**親が子どもと一緒に考えるという態度が望ましい**のです。時には、一緒にインターネットなどで調べてみるのも効果的です。

21 要点と飾りで明晰な頭脳になる

「イコールの関係」「対立関係」「因果関係」と並んで、いや、それ以上に大切な論理的関係が「要点と飾り」です。

文章を読む時、言葉の数だけ意味があるので、長い文章であればあるほど頭の中は様々な意味で溢れかえってしまいます。そうしたごちゃごちゃした状態では、考えることも人に伝えることもできません。

ところが、文章が要点と飾りでできていると分かれば、数行の要点さえ読み取れば内容は理解できるし、その要点との論理的関係を摑むことができれば、いつでも頭の中はスッキリとするはずです。そうした頭の状態を明晰と言います。いつも頭の中を明晰な状態にすることが大切です。

何もまとまった文章だけでなく、たった一つの文でも同じように、要点と飾りで成り立っているのです。一文の中の要点は主語と述語、そして、目的語であって、他の言葉は基本的に飾りだと考えて構いません。

どんな複雑な文でも要点を読み取れば、簡単に内容を理解することができます。国語の問題では、傍線箇所はたいてい一文です。その一文さえ子どもたちは正確に読み取れていないことが多いのです。

なぜ子どもたちは国語ができないかといえば、好きなように文章を読んでいるからです。

小学生に「小鳥がかわいらしく鳴いた」という文章でどの言葉が大事ですかと聞いたら、ほとんどの子どもは「かわいらしく」と言います。具体的な表現の方が印象に残るからです。好きなように文章を読むとはそういうことです。でも、「かわいらしく」を取ったところで、「小鳥が鳴いた」で文は成立するのです。

しかし、「かわいらしく鳴いた」だけでは、鳴いたのが小鳥なのか猫なのか何が鳴いたのか分からないし、「小鳥がかわいらしく」だけでは小鳥がどうしたのか分からず、一文は成立しません。つまり、この場合主語の「小鳥が」と述語の「鳴いた」は一文を成立させるのに必要な言葉だと言えます。それに対して、「かわいらしく」は「鳴いた」を飾っている言葉にすぎません。

だから、要点は「小鳥が鳴いた」です。これは論理を理解していないと答えることができません。子どもの時から、論理という規則に従って、物を考えていく習慣が必要なのです。

では、なぜ要点となる主語や述語に飾りが必要なのでしょうか？

たとえば、私が鉢植えの花を買ってきて、毎日水をやったとしましょう。ようやく花が咲きました。私が毎日水をやった花はこの世に一つしかありません。これは具体ですよね。

ではこれをどう表現したらいいでしょうか。

「花が咲いた」

これでは表現になっていません。「花」は世界中の花の共通するものを抜き取ったものです。つまり抽象です。「咲く」も抽象です。目の前の一つしかない私の花が咲いたことについて何一つ語っていません。だから、飾りをつけなければいけないのです。

「1週間前に花屋で買ってきて、テーブルの上に置いて、毎日水をやった花が咲いた」

というように。そのことによって、初めて表現が成り立つのです。

要点の「花」「咲く」は抽象です。です。そして、飾りは具体なのです。まさにここでも具体と抽象の関係が成り立ちます。それが分かると、どんな複雑な文でも主語、述語、目的語が分かれば、これが要点ですから、正確に意味をつかまえることができます。あとは飾りの言葉であるにすぎません。

要点さえ押さえられれば、どんな複雑な文でも理解できるし、飾りの言葉でも、これは主語を飾っているんだ、述語を飾っているんだと、文の構造が明確になります。

22 英語も「要点」と「飾り」ですんなり理解できる

英語でもSVOとかSVOCといったように、五文型を学習することになるのですが、英語の先生はなぜSとVが大事かについては教えてくれません。

その理由はもうお分かりだと思いますが、Sは主語、Vが述語、Oが目的語で、どれも一文の文の要点だからです。でも、要点となる言葉は抽象概念なので、これだけでは表現にはなりません。そこで、修飾句や関係詞や不定詞などで飾りをつけることになるのですが、このことは日本語でも英語でもまったく同じなので、「論理的な規則」だと言えるのです。

しかし、日本語においては、述語が最後に来ます。これに対して、英語では目的語の前にVが来ます。ここが日本語と大きく違います。また、飾りの言葉も後ろから前へと修飾することが多いので、ここも日本語との大きな違いです。

このように**日本語と英語の共通点を炙り出すことによって、逆に相違点も明確になっていきます**。

英語や中国語、ヨーロッパ語（フランス語、スペイン語、ポルトガル語）などのメジャーな言語はSVO型です。先進国で述語が最後に来るのは日本語ぐらいです。なぜかといえば、日本は察する文化だからでしょう。私たちは話し言葉においても、最後に肯定か否定か、それとも疑問かをいちいち気にせずに相手の話を聞いています。それは相手が察してくれることを前提にしているからです。

それに対して、欧米人は他者意識が強いので、英語ではSやVなどの要点を先に提示し、後から細かいことを飾っていく順番になっています。

英語では要点が先に来るだけでなく、イエスかノーを先に提示します。あるいは疑問詞を最初にもってくることで、肯定文か疑問文か否定文かをはっきりさせます。肯定か否定か疑問なのかが最後に決まる日本語とはこの点において大きく異なっています。

こういうことが分かっていれば、英文を訳すときでも、主語、述語、目的語を確定して、後は主語を飾っている言葉や述語を飾っている言葉を探し出せば、明確な日本語訳ができます。英作文でもＳＶＯに飾りの言葉をつければ正確な英作文ができるのです。

23 文と文も論理でつながっている

一文が要点と飾り、言葉のつながりなど、論理的な構造を持っているのと同じように、文と文にも必ず論理的な関係があります。

たとえば、（　）の中に「そして」とか「しかし」を入れる問題は、小学校の1年生から高校3年まで12年間やりますが、高3の子どもにやらせても、合ったり間違ったりしています。選択肢から良さそうな言葉を入れて文章を読んでみて、いけそうなのか違うのかということを行き当たりばったりで繰り返しているからです。12年間やっても確実に正解を導けるようにはなりません。そのやり方が明らかに有効でないにも関わらず、それに何の疑問も持ちません。教える側もそれをおかしいとは思いません。これが今の国語教育の現状なのです。

どんな問題でも規則性に従って解いていけば、必ず正解するはずなのです。

文と文には論理的な関係があります。それを示す記号が接続語なのです。たとえば、具体的な話があって、それをまとめる時は「つまり」を使います。「つまり」は具体から抽象に移る際の接続語なのです。

反対に、抽象的な話があって、次に「たとえば」とつなげて、その後に具体例が来る。これも具体と抽象の論理的な関係です。

あるいは、「一生懸命勉強した」、「だから」「成績が上がった」というのは因果関係です。「一生懸命勉強した」が原因で、その結果が「成績が上がった」です。「成績が上がった」、「なぜなら」「一生懸命勉強したからだ」も因果関係で、この場合原因・理由は「なぜなら」の後に来ます。

前後の文の対立関係を表すときには、「しかし」「だが」「けれども」などの逆接の接続語がきます。

このように文と文との間にも、「具体と抽象」「対立関係」「因果関係」と、すべて

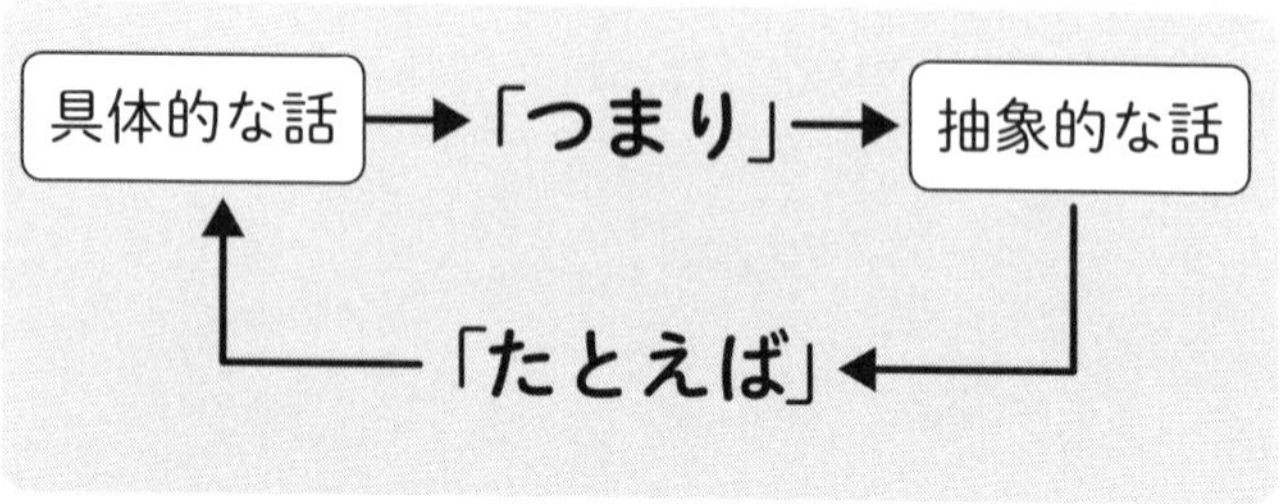
具体的な話
「つまり」
抽象的な話
「たとえば」

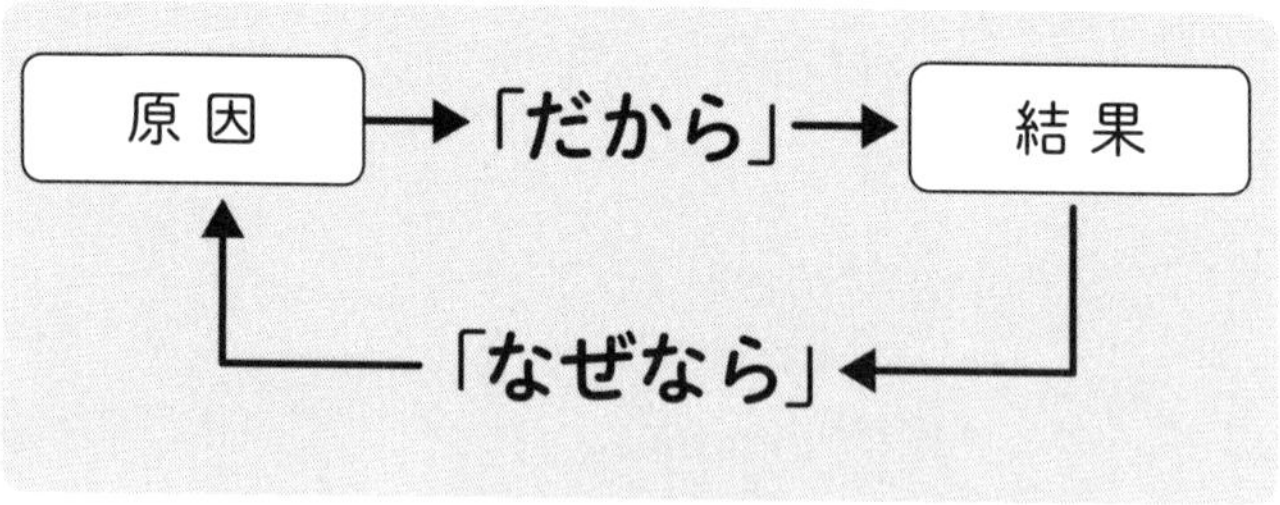
原 因
「だから」
結 果
「なぜなら」

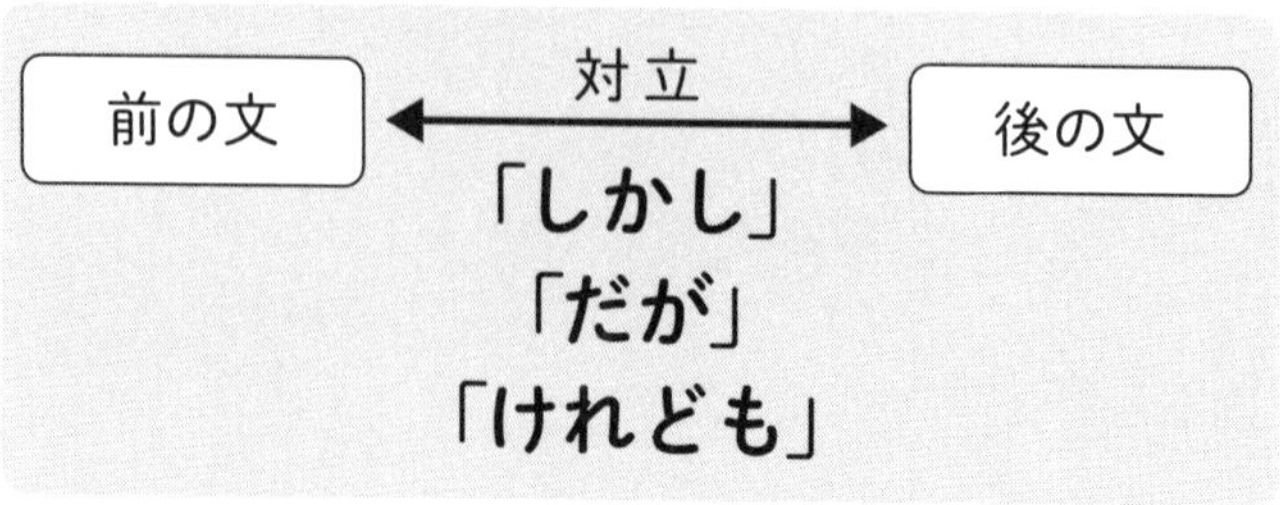
前の文
対 立
後の文
「しかし」
「だが」
「けれども」

論理的な関係があるのです。

さらに、**まとまった論理的な文章には、必ず主張があります**。不特定多数の読み手が対象の場合は、主張は自ずと抽象的になります。

たとえば、「僕は、今日カレーライスを食べようか、ラーメンを食べようか」。これは主張とは言いません。前提として読み手は不特定多数ですから、僕が何を食べようと不特定多数の誰かにとっては、どうでもいいことです。僕が決めればいいだけのことです。

論理的な文章の場合、主張はより多くの人に知ってもらいたい情報です。だから、抽象度が高くなるほど、より多くの人に有効な情報となります。たとえば、私が「論理とは何か」について書いたとしたなら、それは多くの人たちに必要な情報だから、主張と言えるのです。しかし、誰もがそのことを納得しているわけではないので、そこには論証責任を伴います。

たとえば、「戦争は良くない」ということを主張したとしましょう。「戦争は良くない」と１００回書いたらどうでしょうか。こんな文章、誰も読みません。

しかし、自分の悲惨な戦争体験を描いて最後に二度と戦争をしてはいけないと書いたら、みんな、「ああ、そうだな」と思います。

自分の悲惨な戦争体験が具体です。まとまった文章には主張があり、そこに具体例として自分の体験やエピソード、さらには引用、比喩という飾りが付いています。

このように論理的な文章は要点となる抽象的な部分と、それを説明する具体的な部分とで成り立っているのですが、論理が分かっていないと、子どもたちは要点を見ずに、より分かりやすい飾りのほうに目が行ってしまうことになるのです。

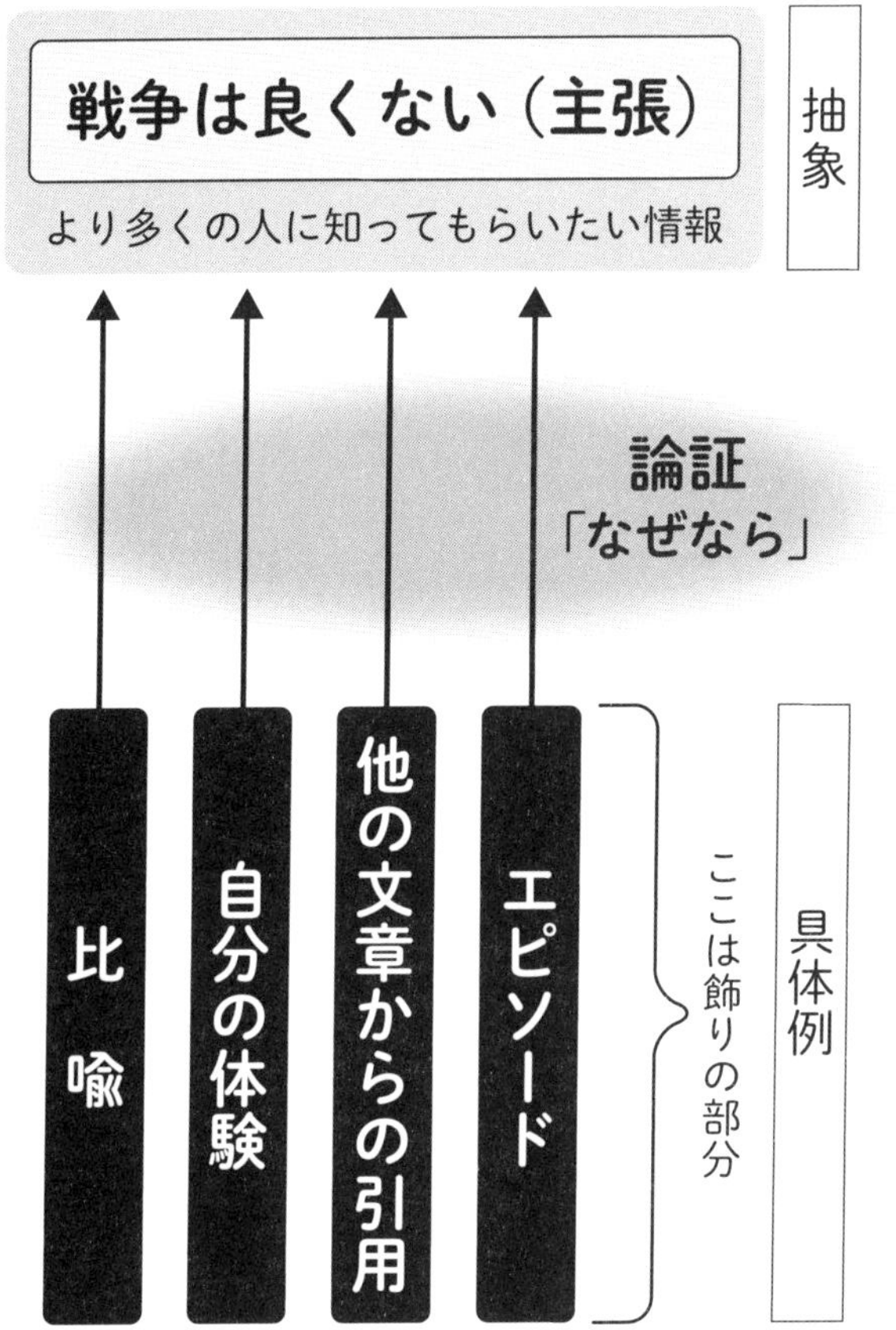
戦争は良くない（主張）
より多くの人に知ってもらいたい情報
抽象
論証
「なぜなら」
比喩
自分の体験
他の文章からの引用
エピソード
ここは飾りの部分
具体例

24 論理的に「読む」「書く」「話す」

活字化された文章は、不特定多数の他者に向けて書かれています。筆者の立てた筋道を論理的に読むことによって論理力は身につきます。

しかしほとんどの子どもたちは、筆者の立てた筋道を無視して自分勝手に読んでいます。

その結果、小学校から高校まで国語を勉強しても、その努力に見合った成果を得られないということになっています。

しっかりと筆者の立てた筋道を意識して読んでいくことが大事です。そうすることで論理的な読解力が身につくと同時に筋道を立てて考える力が身につきます。

さらに論理的に読むことで情報を整理できるようになります。

情報を整理することで記憶することもできます。記憶できないのは、バラバラの情報を整理できずに飲みこもうとしているからです。

情報を整理できなければ考えることもできません。

記述問題で要約しなさいという問題があります。

文章を読めば、言葉の数だけ意味があります。これを整理できなければ、たくさんの言葉の意味が頭の中でぐちゃぐちゃに存在することになります。自分の頭の中で整理できないことを人に伝えることはできません。だから設問に答えることができないのです。

その結果、選択肢の中から、なんとなく答えを選んでいる子どもが非常に多いのです。記述式問題の場合は、なんとなく文中から語句を選んで、それを抜き出したり、繋げたりしているだけで、実際に文章を理解して答えているわけではありません。

それに対して、論理的に読んで理解できれば、頭の中で整理できるから、他人に説明することが可能なのです。

つまり文章の意味を正しく理解し、設問の意図を正しく理解できるので、正解を導くことができるのです。

すべては論理を意識して文章を読むことができるかどうかの違いなのです。

論理的に読むことができれば、論理的に書くこともできるようになります。

さらに、論理的に読むことができれば、論理的に話すこともできます。

論理的な読解力を高めることで、**「読む・書く・話す」というグローバル社会に必須のコミュニケーション能力を高めることができる**のです。

25 「一を聞いて十を知る」の極意

論理には、「整理する」と「伝える」という二つの重要な役割があります。

たとえば、机の上に膨大な書類が乱雑に積み上げてあるとしましょう。そこから必要な書類を一枚取り出すのはかなり厄介だし、仮に見つけ出したとしても無駄な時間を費やしてしまうことになります。

一方、机の上には必要な書類しかなく、きちんと整理され、ファイルごとに分類されていたなら、あなたは必要な書類を難なく取り出すことができるはずです。必要なものを必要な時に素早く取り出すことができるのです。

もうお分かりだと思いますが、これは学習する際の頭の中の状態をたとえたもので、前者が何でも詰め込んでしまった状態、後者が必要なものだけを論理的に整理して頭の中に入れた状態です。

昔から「一を聞いて十を知る」のが頭の良い証拠だとされていたのですが、まさにこれは真実で、それには頭の中をいつも明晰な状態に保っておかなければなりません。そして、**明晰であるとは、情報を論理的に整理できている状態**に他なりません。

たとえば、言葉の数だけ意味があるのですから、ある程度の分量の文章を漠然と読んだら、頭の中は多くの意味に溢れ、ごちゃごちゃしてしまいます。だから、その中から必要なものを取り出すことができないし、考えることも記憶することも困難です。そうやって読み取った多くの意味は時間とともに消えていくことになります。

論理的に文章を読むと、どんな長い文章でも要点となる部分と、それらを説明する飾りの部分とに分けられることが分かります。大切な数行の要点を読み取ると、それらの論理的な関係が頭の中で整理できます。だから、それについて考えることができるし、人に説明したり、設問に対して論理的に答えることができるのです。

これからは入試で記述式問題が重要視されます。読んだ内容が論理的に整理されれば、設問に答えることは容易です。読んだ内容が頭の中で整理されていないと、選択

肢があれば選ぶことができても、記述式になるとお手上げです。

今、文章を読むことを例に挙げましたが、情報を絶えず頭の中で整理できるというのは論理力の大きな効用です。

そして、もう一つ。頭の中で整理された内容を、論理的に人に伝えることができるのです。自分でも整理できていないことを、人に分かりやすく伝えることは不可能です。**頭の中が明晰な状態であるからこそ、論理的に話したり、論理的に文章を書いたりすることが可能**になるのです。

さて、話を「一を聞いて十を知る」に戻しましょう。小学校に入学するまでは、英語、算数、国語という教科は存在しません。幼児期は英語、算数、国語に共通の、それらの土台となる論理的な言語の使い方を習得すればいいのです。まだ脳が育っていく段階なので、この時期であればどんな脳にも仕上げることができます。

まだ習得すべき知識はあまりありませんから、一つ一つ必要な知識を頭の中で論理的に整理する習慣を身につけましょう。論理脳を作り上げたなら、知識は後からいくらでも増やすことができるのです。

すっごーい
えへへ

第4章

言語習得期における脳の育て方

ばーーん
かんじのれんしゅう
パパー！ママー！
ノート1さつおわったよー
わー
やるじゃ～ん！すごいじゃ～ん！
かんじれんしゅうノート
ぼくはかんじはかせだよ
どれどれ
えーっと、
かんじれんしゅう
これはなんて読むのかな？
……………なんだっけ？
はなだよー
んじゃ、これは？

なんだっけ?
き!
これは?
えーっと…
はは!
ママのことね
じゃあ……
これは?
んー…
おーーい
おーーーい
そのじは「おーい」ってよむんだっけ?
まずは書くことよりも読めるようになることが大事な気がする……
あー
ちち!
パパのこと!

26 子どもは言葉を覚える天才

幼児は一歳頃からカタコトで喋り始め、小学校に入学する頃にはかなり日常的な会話ができるようになっています。これは実に奇跡的なことで、何も親が教え込まなくとも、幼児は膨大な言葉とその使い方を自然と吸収していくのです。

大人が初めて見る英単語を数千語記憶しようとしたなら、並大抵のことではありません。幼児はそれを大人たちの会話を観察することで、自然とできてしまうのです。

こうした言語習得期に、子どもたちにどのような言葉の与え方をするかで、その後の能力の成長はかなり異なったものとなります。

私たちは言葉で世界を整理します。言葉の一つ一つに意味があるのですが、これらを論理で整理することで、私たちはそれらを理解したり、体系づけたり、記憶したり、人に伝えたりできるのです。最近、大学生でも語彙力の不足が問題になっていますが、これらも言語習得期に適切な言葉を与えなかったことが大きな原因なのです。

では、なぜ適切な言葉を与えなかったのか？

実は、**日本の漢字教育の失敗がその原因として考えられます**。文科省を初めとする漢字教育はあくまで書き取りが中心になっているからです。

六歳までの幼児期はまだ指を器用に動かすことができませんから、漢字を書くことが困難です。そこで、文科省では幼児期は漢字ではなく、平仮名・片仮名を習得させ、漢字は小学校に入学してからという指針を与えています。

小学校に入ると配当漢字が決められているのですが、これらは主に画数の少ないものから順次学習していくことになります。なぜなら、画数の少ない方が子供は書きやすいからです。その結果、人生で一度しかない言語習得期に、日本語の語彙の中心となる漢字の学習を一切行わないことになるのです。

また子どもたちは何も考えずにただ漢字を紙に何度も書きなぐり、書けるようになったらそれで漢字を習得したと思い込んでしまいます。その結果、語彙力と読解力、思考力を習得できずに終わってしまうのです。

27

漢字は言語として習得せよ

最近、子どもだけでなく、大人まで語彙力不足が大きな問題となっています。語彙力不足はもちろん読書量の不足がその最大の原因ですが、もう一つは漢字学習の失敗も大きな要因の一つと言えるでしょう。

単語は自立語と付属語に分けられます。付属語は助動詞と助詞で、これらはひらがなで表記します。自立語は単独で文節を作ることができる単語で、感動詞、副詞、接続詞は基本的にひらがなです。それ以外の主語となる言葉、述語となる言葉、形容する言葉は一部の和語やカタカナ語を除けば、すべて漢字なのです。つまり、漢字は日本語において意味の中核を担うものだと言えるのです。

それなのに多くの子どもたちは漢字を言語として認識せず、ただ書ければそれでいいと思い込んでいるのです。

ワープロが自動変換する現在、漢字を書く必要などほとんどなくなってしまいました。書き順やトメる、ハネるなどはワープロがなかった古い時代の価値観なのです。

しかし、たとえ書けなくても、漢字を読むことができれば意味が分かります。たとえば、「醤油」「薔薇」という漢字は書けなくともワープロが自動変換してくれますが、読めなければ意味が分からないので、その漢字を使った文章が読めません。だから、**漢字学習は書き取りではなく、読み取り中心に、言語として習得すべき**なのです。

例を挙げましょうか。

小学校四年で学習する「要」という漢字は、音読みが「よう」、訓読みが「かなめ」で、物事の中心という意味です。そうした単漢字が組み合わさって、語彙を形成します。では、次の意味の違いが分かるでしょうか？

●彼はチームにとって大切な人だ。

●彼はチームにとって必要な人だ。

この場合、「大切な」と「必要な」の違いを説明できなければ、あなたの語彙力は心もとないと言えるのです。

「大切な人」の場合は、「彼」についての情報しか述べられていません。「彼は」大切な人ですが、チームの彼以外の人に関しては何の情報も与えられていないのです。

それに対して、「必要」とは「必ずかなめ（中心）」ということ。つまり、彼のチーム全体の中での役割を示した言葉です。彼がチームの中心であって、プロ野球ならば四番バッターかエースピッチャー、他の人に取り替えることができません。

語彙力のない人は「要」という字は書けるけれども、これを言語として使いこなすことができないのです。

28 幼児期は読み取り中心に

幼児がまだ漢字が書けないからといって、言葉の習得期に漢字を学習しないと、子どもの能力を成長させることができません。脳の成長は言語活動と密接な関係を持っているからです。

出口式ではこの言葉の習得期に徹底的に漢字を学習させます。もちろん書き取りではなく、読み取り中心に指導していきます。漢字は書けなくても、読めれば十分なのです。なぜなら、書くということと文章を読むということは直接関係していません。

しかし、漢字を読めれば、漢字が入った文章を読むことができるのです。しかし小学校まで待っていると、子どもの言語習得が大幅に遅れてしまうことになります。これは子どもの能力開発において、致命的な結果になる可能性が高いのです。

読めるということは意味が分かるということです。それも少ない画数から始めるのではなく、身近なものから始めます。前述したように、画数の少ないものから学習させるのは、あくまで書き取り中心だからです。

たとえば、家で猫を飼っていれば猫は身近です。「猫」と書かれた漢字を見せて、「猫だよ」と繰り返し見せてやれば、子どもは漢字を見れば猫と認識します。漢字を見せるだけで、脳裏に猫のイメージを作り出すことができるのです。

幼児はまだ言語脳が発達していないので、右脳を中心に漢字を習得します。つまり、漢字はもともと象形文字だったので、絵として漢字を認識するようです。しかし、そうした漢字を言語として習得するにつれ、こんどは左脳＝言語脳がバランスよく発達していくのです。

出口式では漢字カードを使用するのですが、ご家庭でも紙に漢字を書いて子どもに見せれば、それで充分です。小学校に入学するまでに小学校4、5年までの漢字が全部読めるようにすれば、幼児でも小学校4、5年生用の文章を読むことが可能になります。そのことで、語彙力だけでなく、読解力も思考力も自然と養成されていくのです。

幼児期はまだ漢字を読めないとされていますから、その時期の絵本はほとんど平仮名になっています。当然、漢字を使った小学校高学年用の本とは、その内容の深さには格段に違いがあります。幼児期に漢字を読めるようにすることで、より高度な本を読むことができるようになるから、読解力、思考力もそれに連れて他の子どもよりも圧倒的なものとなるのです。さらに小学校5、6年レベルの漢字も本を読むことで、自然と雪だるま式に増えていくのです。

漢字は元々象形文字といって絵から来ているので、非常に覚えやすいのです。ひらがなの「あ」には意味がありません。他の字と組み合わせることでしか意味が生じないので、幼児にはむしろ使いこなすのが難しいのです。

漢字を読めるようにすることは、単に語彙力を身につけるだけに留まりません。たとえば、

「わたしはあしたようちえんへいく」というように全部ひらがなだと、子どもは読め

るかもしれませんが意味が分かりません。子どもには文節という概念がありませんから、どこで切って読めばいいのか分からないのです。

しかし、「私は明日幼稚園へ行く」であれば、「私」「明日」「幼稚園」が読めれば、瞬時に意味を理解することができます。

さらに、「私は」の「私」が分かれば、主語を表す助詞「は」を次第に理解するようになるのです。**漢字が読めるようになることで、助動詞や助詞の使い方も自然と覚えられるようになる**のです。

最初漢字は絵として右脳から入ってくるけれど、それを意味を持った言語として理解しだすと、今度は左脳が鍛えられます。

右脳ばかり過度に刺激するような幼児教育もありますが、言語で深く物を考えられない、情緒不安定な子どもになる危険性があるから、注意が必要です。

29 漢字が読めることは「読解力」につながる

一つひとつの字を組み合わせて、2字や3字の熟語の意味を推し量るのは、小学校に上がってからです。ただし、「絵本」「幼稚園」といった2字や3字の言葉を、幼児はそのまま覚えてしまいます。幼児のうちは、フォトリーディングのように絵として覚えてしまうからです。ですから、抽象的な言葉を覚えるのは難しいのですが、「机」や「皿」といった、具体的なものは幼児は面白いように覚えてしまうものです。

漢字が読めるようになると、子どもは本を読むことが面白くなるので、ますます語彙を習得します。

「読む」能力を身につけると、子どもの世界は格段に広がります。進んで本を読むようになり、ますます知識を習得することが容易になるのです。

今、教育界では子どもたちの読解力が低下していることが大きな問題になっています。今の子供たちは夏目漱石や森鷗外を読まずに、ライトノベルばかり読んでいます。漱石や鷗外を読まないのは、読んでも理解できないので、面白く感じないからです。分からないから読まない、だから、簡単なものに流れていく、という流れが出来上がっています。出版社の方も読者の読解力の低下に合わせて、どんどん分かりやすいものしか出版しなくなっていきます。そこで、ますます簡単なものしか読めなくなるという悪循環に陥っているのです。

「読解力」は子どもの成長の助けになります。なんでも自分で読めるようになると、**自学自習の力**がつきます。これが非常に大きいのです。

実は講義では本当の力がつきません。うまい先生の授業ほど、子どもは分かった気になってしまって、考える努力をする必要がなくなるからです。学習の仕方も自ずと受け身になりがちです。

本当にできる子どもは講義を受ける前、受けた後に、必ず自学自習の時間を設けます。そのためにも読解力こそ必要不可欠なのです。

30 感情語と論理語

言語には自然言語と人工的な言語があります。自然言語は私たちが日常使っている言語、たとえば、日本語や英語、古文などです。それに対して、人工的な言語は算数の言葉、数字や記号、コンピュータ言語などです。

その自然言語には、感情語と論理語とがあります。

犬や猫にも言語はあります。甘えたり、餌をねだったり、威嚇したりする時、ワンとかニャーというのですが、これらも自分の意志や感情を相手に伝えるためのものですから、立派な言語です。

赤ちゃんが泣くのも言語です。悲しいから泣くのではなく、ミルクがほしいとか、抱っこしてほしいとか、赤ちゃんは泣くことで一生懸命自分の意志や感情を表現しているのですから、これも言語と言えるのです。

これらは赤ちゃんが産まれた時から泣くことで分かるように、あくまで先天的なものので、学習、訓練によって習得したものではありません。

それに対して、世界や情報を論理的に整理する言葉を論理語と言います。すでに説明したように、「天と地」「男と女」「好きと嫌い」も立派な論理語です。そして、論理語は先天的なものではなく、学習、訓練によって初めて習得できるものなのです。

感情語と論理語とのもう一つの相違点は、**感情語が他者意識を持たないのに対して、論理語が他者意識を前提とする**ことです。赤ちゃんは泣けば自分の欲求や不満を誰かが察して、それを解消してくれると思っています。誰も解消してくれなければ、むずがるか泣き寝入りをするしかありません。それに対して、論理語は他者に対して、筋道を立てて説明するのですから、やはり他者意識が前提となります。

このように二つの根本的に性質の異なる言語があるのですが、今の子どもたちがさすがに赤ちゃんのように泣くわけではありません。

しかし、考えてみて下さい。今の子どもたちは「ムカつく」「ウザい」といった言葉遣いを多用してはいないでしょうか？　「ムカつく」はもともと肉体から出た言葉ですが、今自分は不満である、欲求が満たされない、だから、誰かそれを察して解消してくれということで、それは赤ちゃんが泣くことといったいどこが違うのでしょう。誰も自分の不満を解決してくれなければ、突然キレるか、引きこもるかしかありません。

子どもたちは家庭や学校の仲間たちという狭い集団の中で生活しているのですから、そこでは他者意識と論理の大切さに気づくことはありません。何も論理的に説明しなくても、相手は何となく察してくれるからです。

「あの先生、ウザいね」「ほんと、ウザい」

これだけでお互いの気持ちが通じ合っていると錯覚をしているのです、あの先生のどんな点が、どうしてウザいのか、論理的に説明することなど考えも及びません。

こうした感情語による結びつきは、外から見ると、一見仲の良い集団に見えます。でも、お互いに深い所で理解し合っているわけではないので、ほんの少しの感情のこじれで、突然その集団から排除されたりいじめられたりする可能性があるのです。子どもたちもそれを本能的に察しているので、絶えず友達の動向を気にします。彼らは今どんなテレビ番組を見て、何に関心があり、何が仲間内で流行っているのかと。そして、お互いに察し合う集団の中でしか居場所を持てない子どもたちは突然集団から排除されると、時には生きていくことができなくなってしまうのです。

仮に学校時代に特別な問題が起きなくても、彼らが社会に出たなら、年齢も立場も経歴も異なる他者と一つの社会を生きていかなければならないのですから、たとえ偏差値がどんなに高くても、他者意識が欠如したままでは社会で成功することが難しいのです。

高度な論理語を習得する環境がどこにもない今の日本において、幼児童期から論理語を習得させることがいかに大切かがお分かりになったと思います。

31 言語習得期は右脳を働かせよ

まだ言語能力が発達していない幼児期は右脳が中心的な役割を果たします。言語でものを考えるよりも、視覚、聴覚、触覚で外界を理解しようとするのです。

触覚を鍛えるには、直線や曲線、螺旋など様々な線を書く練習をすることで、指先の運動を行います。これらはやがてひらがなやカタカナ、小学校からは漢字を書くための準備運動にもなります。家庭でも様々な線をなぞらせたり、ビンの蓋の開け閉めをやらせたりと、指先を動かす機会を多く作って下さい。

視覚は漢字の読み取りです。前述したように、二、三歳頃から徐々に身近なものを表す漢字を読めるようにしていきます。目標としては、小学校三年までに六年までの配当漢字を読めるようにするべきです。もちろん小学校一年からは配当漢字を書ける

指でなぞる練習

↓《やじるし》の ほうこうに ゆびで せんを なぞりましょう。

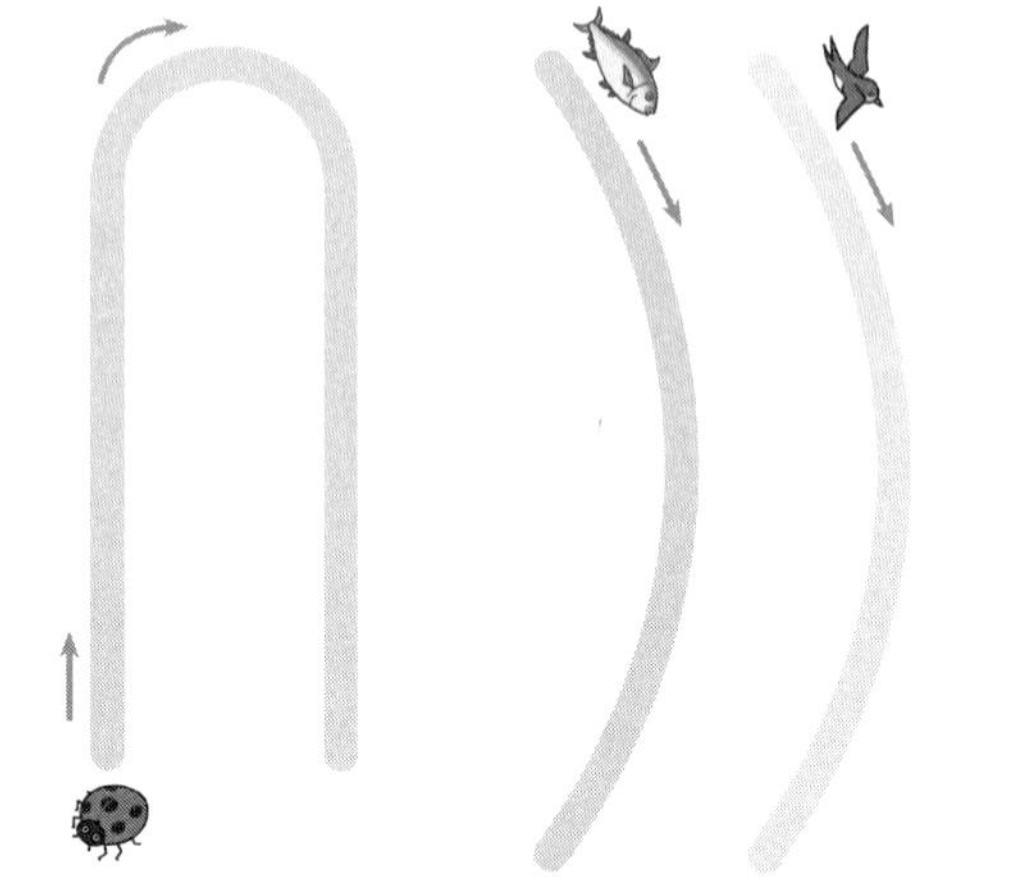

↓《やじるし》の ほうこうに ゆびで せんを なぞりましょう。

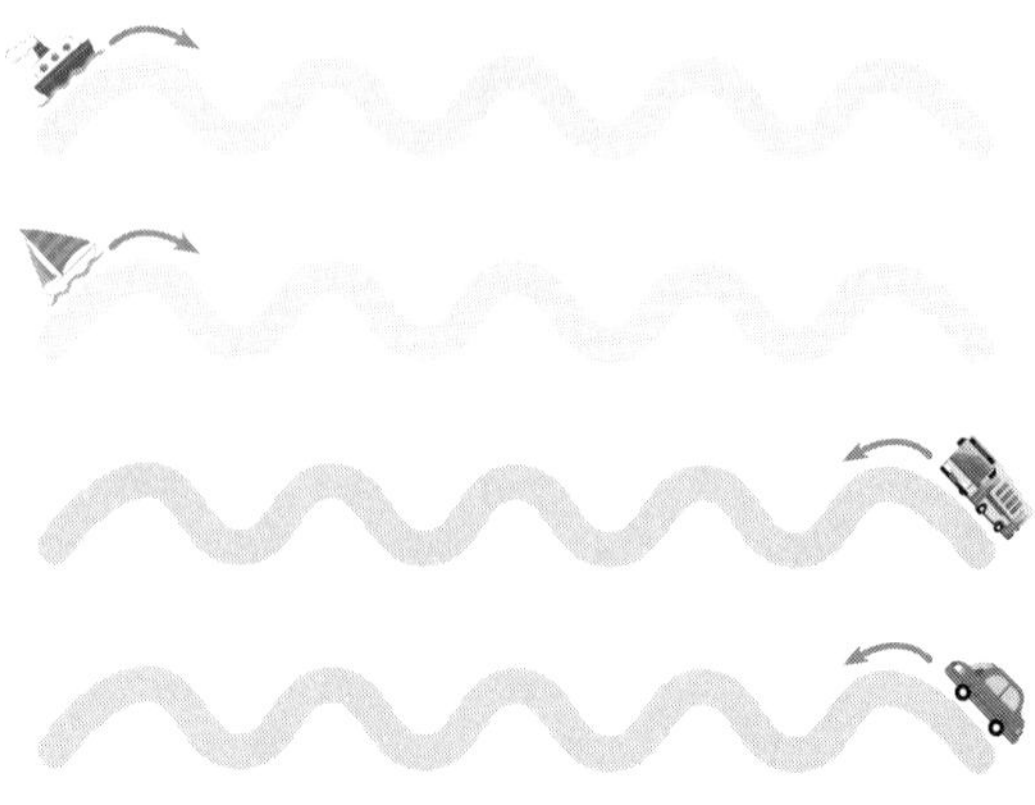

出口式みらい学習教室テキストより

身近な漢字の読み取り

出口式みらい学習教室「漢字カード」より

ようにしていきます。

聴覚は簡単な文の聞き取りが有効です。主語や述語を意識して文を聞き取らせます。集中力の訓練にもなりますし、たいていの小学校受験では聞き取り試験が出題されます。

もう一つ聴覚の大切な訓練として、英語の音を聞かせます。英語については後述するとして、ここでは幼児期に聴覚を鍛えることの大切さを理解して下さい。

出口式ではこれらを様々な教材やカードを使って訓練していきますが、家庭でも出口式教材、カードを参考に簡単に作成することができます。ぜひお試し下さい。

そして、何より大切なことは、視覚、聴覚などの右脳を使って、様々な言語を子どもの脳に入れていくことです。**言語習得期では少し刺激を与えるだけで、大人が思っている以上に言葉に関心を抱きます**。すると、自然に言語脳が発達していき、やがて右脳と左脳がバランス良く働き出します。

小学校高学年では、左脳の働きが中心になります。なぜなら、学習はあくまで左脳によるものです。右脳は音楽や芸術、運動などに深く関わっていきます。

聞き取りの練習

◆講師用

これから、先生が文を読みます。
聞いたら、先生のあとについて、同じことを言ってください。

1　ゴリラが　バナナを　食《た》べる。

2　ミミちゃんが　ぼうしを　かぶる。

出口式みらい学習教室テキストより

コンピュータはどんなアプリケーションソフトでも、ＯＳがなければ動きません。ＯＳはいわばコンピュータ言語で処理する場であり、ソフトが次第に重たくなるに従って、ＯＳも絶えず強化しなければならないのです。

人間の脳も同じで、小学校から、中学、高校、大学に進むにつれ、次第に重たい学習ソフトを動かす必要が生じます。それなのに、ＯＳが旧態依然のままならば、やがてどこかで脳はフリーズしてしまうのです。

だから、子どもの時から絶えず言語処理能力を高めていかなければなりません。国語だけでなく、英語も算数もすべては論理的な言語の教科なので、それらの土台となる論理力こそ、脳内ＯＳに他ならないのです。

32 ミュージカルを教育のプログラムに導入

「出口式みらい学習教室」の直営教室は、西新宿と白山にあります。その二教室では、ミュージカルを教育プログラムの一環として取り入れています。

実はミュージカルが教育において大いに成果があることは、海外でも認められていることなのです。幼児期には右脳を刺激し、想像力を鍛え、運動能力を高めることが何より必要です。ミュージカルはそれらをすべて可能にし、しかも、それ以上の様々な効果を得ることができます。

幼児の間はリズムや音感を身体に叩き込みます。ミュージカルでは当然歌って、踊ることが要求されるのですから、発声練習によって、滑舌も改善されます。それと同時に音楽や芸術方面にも子どもは関心を抱くようになり、運動能力も身につきます。

脚本を読み取ることで読解力を鍛え、自ら脚本を創作することで創造力や文章力などが磨かれます。何よりも効果的なのは、見知らぬ人前で堂々と自分を表現することができるようになることです。これは自己承認欲求を満たすことになり、自信がつき、コミュニケーション能力も鍛えられることになるのです。

こういった能力は社会に出た時、学力以上に必要とされるものなのです。

しかも、みんなで力を合わせて一つの舞台を作り上げること、それぞれが自分の役を演ずることによって、世界全体を作り上げること、どれをとっても幼児童にとって貴重な学びの場になるはずです。同じ場面でも、たとえばいじめっ子の視点からものを見たり、いじめられっ子の視点からものを見たりすることもできるのです。

まさにミュージカルは音楽、ダンス、文学、芸術をすべて網羅した総合的な教育プログラムとなり得るのです。

ミュージカル教育はお近くになかなか指導者が見つからないかもしれませんが、幼児童期では単に学習をさせるだけでなく、音楽、芸術、運動など、何か一つをさせることが必要なのです。

第5章

日本の子どもに論理力が欠如している理由

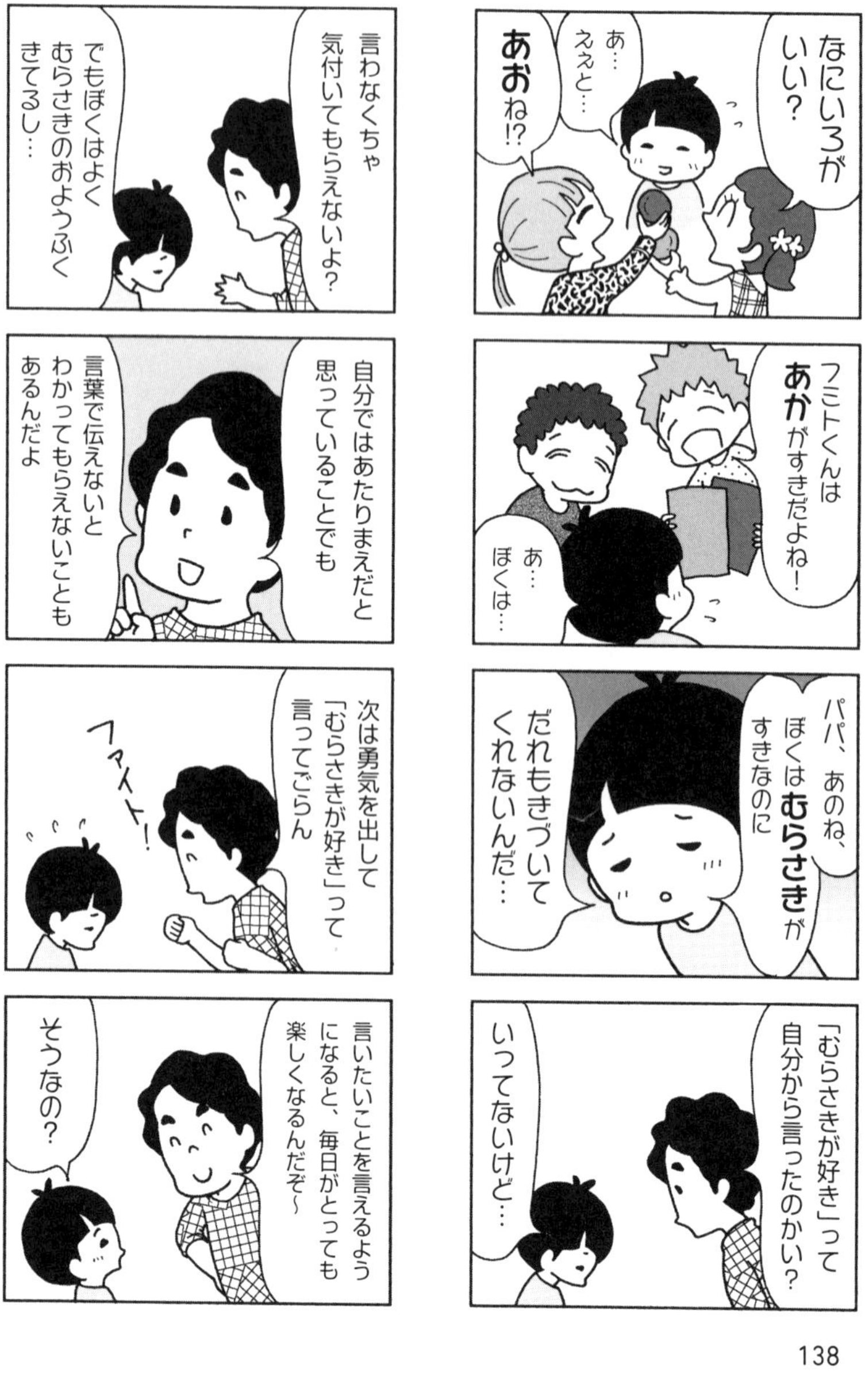
なにいろがいい？
あ…ええと…
あおね!?
フミトくんはあかがすきだよね！
あ…ぼくは…
パパ、あのね、ぼくはむらさきがすきなのに
だれもきづいてくれないんだ…
「むらさきが好き」って自分から言ったのかい？
いってないけど…
言わなくちゃ気付いてもらえないよ？
でもぼくはよくむらさきのおようふくきてるし…
自分ではあたりまえだと思っていることでも
言葉で伝えないとわかってもらえないこともあるんだよ
次は勇気を出して「むらさきが好き」って言ってごらん
ファイト！
言いたいことを言えるようになると、毎日がとっても楽しくなるんだぞ～
そうなの？

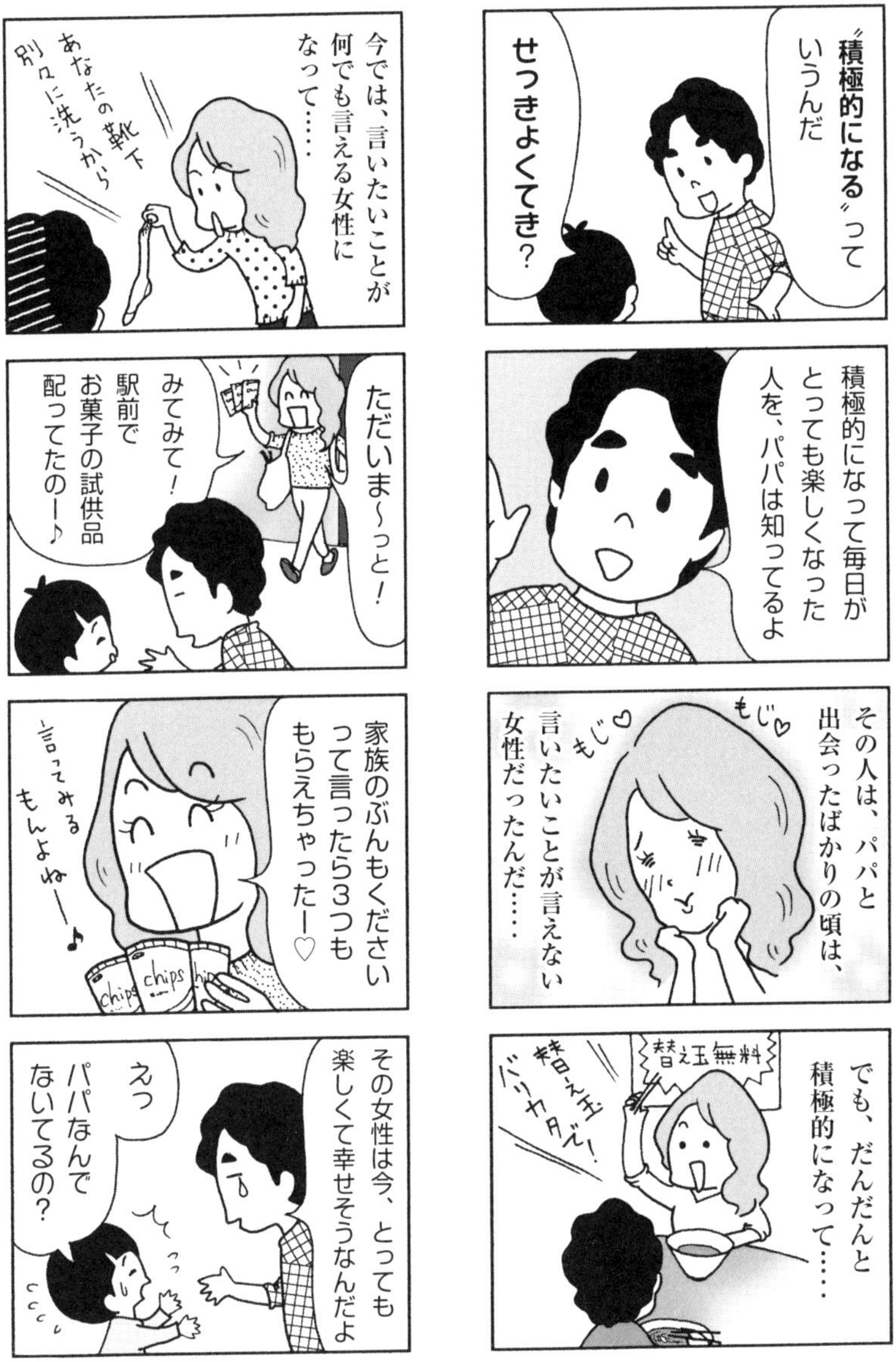
“積極的になる”っていうんだ
せっきょくてき？
積極的になってとっても楽しくなった人を、パパは知ってるよ
その人は、パパと出会ったばかりの頃は、言いたいことが言えない女性だったんだ……
もじ♡
もじ♡
でも、だんだんと積極的になって……
替え玉無料
替え玉バリカタで！
今では、言いたいことが何でも言える女性になって……
あなたの靴下別々に洗うから
ただいま〜っと！
みてみて！駅前でお菓子の試供品配ってたのー♪
家族のぶんもくださいって言ったら3つももらえちゃったー♡
言ってみるもんよねー♪
chips
その女性は今、とっても楽しくて幸せそうなんだよ
えっパパなんでないてるの？

33

「察する文化」は通用しない

日本人は他者に対してきちんと説明するのが苦手です。

アメリカもヨーロッパも多民族国家です。隣に住んでいる人や職場で隣り合う人が違う人種であることは当たり前の世界です。人種が違えば背負っている文化も宗教も習慣もことごとく異なります。自分の常識が他の人にも通用するだろうとは考えていません。日本のような「あうんの呼吸」などはありえないのです。日本人は「常識」を疑いませんが、欧米ではそれぞれの持つ常識が違うのが当たり前という世界なのです。

欧米では、お互いに理解できない人たちが共存しようとするので、常識ではなく「契約」が重んじられる社会になっています。そのために、子どもの頃から生きていくための武器として言語（コミュニケーション能力）の訓練が重要視されるのです。

言語の構造もそれに対応しています。イエスかノーか、疑問か命令か、すぐに分かるように必ず文の冒頭にきます。また、要点となるS、Vが前にきて、あとから飾りを付け足すというのも、相手が分かってくれないことを前提としている言語構造なのです。うまく伝わらないのは、伝え方に問題があるという考え方なので、徹底して言語技術を習得していきます。

日本人は説明しなくても相手が察してくれると思い込んでいます。日本語もそれに対応していて、肯定なのか否定なのか疑問なのかは、文の最後にならないと分かりません。そのことに私たちが不自由を感じていないのは、相手が察してくれるのを前提にしているからです。

実はこのことがコミュニケーション能力の訓練を阻害する要因になっています。子どもたちは、家庭においても親が察してくれるだろうと思って、単語だけで済ませてしまいます。子どもは親を見ていますから、父親が「風呂、飯、寝る」で済ませてしまえば、自ずとそういうものだと受け止めてしまうのです。

察してくれなかったら、自分の伝え方が悪いのだとは思いません。察してくれない親が悪い、友達が悪い、先生が悪いという思考回路になってしまいます。

これまでは、察し合う関係性の中で共同体を作ってきたので、それで不自由を感じることはありませんでした。しかし、世の中は核家族化しました。地域の共同体意識も都会に行くほど薄れています。察し合う関係性は作りにくくなっています。社会に出れば、年齢も立場も価値観も異なる他者とうまくやっていかないと、生きていけない社会に変わったのです。

これからグローバル社会がやってきます。育った背景がまったく違う人達がまじりあって生活し、仕事をする社会です。**きちんと意思表示をしないと、伝わらない社会**です。

日本の中にいても、ネットの世界においては不特定多数の他者に意思を伝達するわけですから、やはり、察してもらう文化など通用しなくなるのです。

34 コミュニケーションを訓練する場がない

今の子どもたちに決定的に不足しているのはコミュニケーション能力です。コミュニケーション能力はいうまでもなく言語が中心になってきます。

子どもたちは「あの先生、ウザいね」と言いますが、なんでウザいのか説明する言葉を持ちません。友達同士でなんとなく分かった気になって、コミュニケーションが成立した気になっているだけなのです。子どもたちの語彙力の貧困さを嘆く声はいろんなところから聞こえてきます。

そんな子どもたちを待っているのは、異質な人間同士が共存する「察してくれない社会」です。昔のように察してくれるようなムラ社会はもう日本にはありません。社会における多様性がますます進行していくのは間違いありません。

政府は海外労働力の受け入れに舵を切りました。これまで以上に海外から多種多様な人材が日本にやってくるのは間違いありません。少子化が進むわけですから、好むと好まざるにかかわらず、そうした人材を受け入れざるを得ないでしょう。

「察してくれない」異質な人たちと共存する社会がやってきます。いくら偏差値が高くても、コミュニケーション能力が欠けていれば、社会で活躍するのは難しいでしょう。

私たち大人は今の価値観で子どもたちを教育しようとしますが、本来は子どもたちが大人になる10年後、20年後の社会を想定して、そのためにはどんな教育がふさわしいのか考えるべきなのです。

日本人同士でも、察することのない他者と関係性を作っていかなければなりませんし、多くの外国人たちと良好な関係を築くことが求められるでしょう。ということは、子どもの頃から言語を論理的に使って、論理的に物事を整理して、論理的に説明できる訓練が必要になってくるのです。

「書く」ことの意味も変わってきています。昔は他人に向けて何か書くというのは、手紙などに限られていましたし、それも手書きでした。「書く」という行為は、新聞記者や作家でもない限り、必ず特定の誰かに向けてなされていたのです。

ところが現在では、「書く」のはもっぱらワープロソフトで、しかも一般の人であっても、ブログやツイッターやフェイスブックなど、電子データで不特定多数に向けて情報を発信しています。

論理がなければ、不特定多数に向けた文章を書くことはできません。しかし、多くの子どもたちは、他者を意識することなしにネットでどんどん発信しています。これは言ってみれば、運転の教習を受けていないのに、いきなり公道を走りだしたようなものなのです。恐ろしいのは、それに対する自覚も危機感も持っていないことです。

35 思春期にキレる子、話す子

赤ちゃんのときには親がすべて察してくれますから、自分のことを説明する必要性に駆られることはありません。しかしそれが幼児や児童期においても続いてしまうところに問題があるのです。

欧米では、あえて教育・訓練によって他者意識を育てようとしています。つまり、論理的に説明しないと親でも分かってくれないことを日常の中で示していきます。ですから向こうで育った子どもは雄弁になります。

日本人は親が先回りしてなんでもやってしまいがちです。また、子どもが「なんで？　なんで？」と疑問に思うことに対しても、親は面倒くさがって答えない場面もよく見られます。

他者とのコミュニケーションを訓練しないことの弊害は、思春期になって現れます。

小学校の高学年になると思春期が始まり、親からの自立心が芽生えます。反抗期とも呼ばれるのですが、この時をきっかけに子どもは大きく変わります。

子どもは親の姿に社会を見出して批判的になります。

親から自立するということは、子どもは親とは別個の世界を持つわけで、そのこと自体は成長の証であって、喜ばしいことなのです。しかし、その一方、親にとっては子どもの世界は理解しづらい、未知の世界となるのです。

やがて子どもは、どうせ話しても分かってくれないだろうと、親とのコミュニケーションをとることを嫌がるようになります。突然キレたり、自分の部屋に引きこもってしまうこともあるでしょう。

それが反抗期だ、当たり前だと思ってはいけません。

きちんと他者意識を持ってコミュニケーションする習慣を持つ子どもの場合には、逆に自分の世界を理解してもらおうとして、親になんでも話をするのです。

この成長の大事な時期に親と子が断絶してしまうのか、それとも理解を深めるのかで、その後の子どもの社会との関わり方も違ってくるでしょうし、親子の関係も違ってきます。

思春期になって慌てても遅いのです。**思春期までの育て方で、思春期のあり方も全然違ってくる**のです。

36 日本の国語教育がダメな理由

日本では、論理力を育てるべき国語教育がその役割を果たしていません。なぜでしょうか。私は、日本の国語教育がダメな理由は次の点にあると思っています。

日本の国語教育は、言ってみれば「芸事」になってしまっているからです。

「芸事」とは、楽器で言えば琴や三味線や尺八などです。これらは、音楽というよりも「芸」なのです。芸は師匠に弟子入りして厳しい修業を積んで会得するものです。

芸は基本的に「教えられないもの」です。そのこと自体を悪いというのではありません。芸を極めることによって人間国宝になる人も出てきます。その人自身が国宝になってしまうことからも分かるように、芸においては、スキルと人は切り離せない関係にあります。だから芸は教えられないのです。

それに対して、西洋の音楽は論理を持っているので、楽譜に書き起こすことができます。教えることができるので学校も生まれます。

楽譜に書けるということは、上手い下手の違いはあっても、いつでも演奏が「再現」できるということです。再現性があるというのは、音楽自体が論理によって構築されているからです。

ポピュラーミュージックに目を向けると、アフリカや南米の民族音楽が、ブルースやジャズやラテンとして世界に広がっていったのは、論理を獲得したからに他なりません。それに対して日本の伝統音楽が民族音楽にとどまっているのは、芸のままで論理を獲得していないからです。

実は国語の世界も同じです。たいていの国語の授業では論理が欠けているので、再現性のない授業を延々とやっているのです。だから小学校から高校まで膨大な時間を国語の授業に費やしながら、全然論理が身につかないという事態に陥っているのです。

国語の先生はたいてい文学部出身です。子どもの時から本が好きでたくさん読んでいますから、自分ではなんとなく分かる、しかし、それを分析し、論理立てて教えることができません。

結局、「たくさん本を読みなさい」「たくさん問題を解きなさい」としか言えないのです。それは教えることの放棄に他ならず、自分は教えられないから、本をたくさん読んだり、問題を解いたりすることによって、自分で習得するしかないと言っているようなものです。小学校から高校まで国語の授業があるのに、生徒が論理を獲得することに何の役にも立っていないのです。

国語教育においても教えるための楽譜が必要だ、そう考えて私は、「論理エンジン」を作成しました。

どの先生が教えても、確実に子どもたちに論理が身につくプログラムを作り上げました。そこでの成果に確信を持った私は、幼児教育にこそ「論理」が必要だと思い、新しい幼児教室をつくり、なおかつ多くの人に分かってもらえるように幼児用の論理ドリルを開発するに至ったのです。

37 日本には論理を習得する環境がない

私の少し上の世代は団塊の世代で、学生運動に参加した人たちでした。私が中学一年の時に、学生運動で東京大学の入学試験が一年間中止になったのを今でも覚えています。

大学に入学した頃、団塊の世代の人たちは本来卒業していたはずなのでしたが、多くの人たちが学生運動で留年したため、私が属した文芸部には7年生、8年生としてかなりの人たちが在籍していました。

予備校講師になった時はまさに第一次予備校ブームで、多くのカリスマ講師が活躍していたのでしたが、彼らの大半がやはり団塊の世代だったのです。彼らは学生運動で鍛えたため声が大きく、演説が大得意だったので、まだ社会的経験がない浪人生の心を掴むのは容易だったと思います。その講義の多くの時間が政治や思想的なものだったのです。

私の人生において、いつだって団塊の世代が私の進路に立ち塞がっていました。私はどうしていつも喧嘩腰で話をするのだろう、何も難しい言葉を振り回さなくても、普通の言葉で話せばいいのにと思ったものでした。

しかし、今の子どもたちを見ていると、少なくとも団塊の世代は脳細胞の若い時に、多少背伸びをしても難しい本を読んだり、抽象的な言語を使いこなしたりすることで、ある程度の言語訓練を結果的には行っていたのだと考えるようになりました。

今の子どもたちは難解な思想書、哲学書を読むことはしなくなりました。議論をしようとすると、ウザいと嫌がられます。漱石や鷗外ではなくライトノベルを読み、文章は絵文字やスタンプで代用します。幼い時から音楽、漫画、アニメ、ゲームにどっぷりと浸かっています。これらがけっして悪いのではないのですが、いったいどこで高度な言語訓練をするのか、今の子どもたちはそういった環境をどこにも持っていないのです。このことは時代が抱える深刻な問題に他なりません。

しかも、国語の時間は再現性のない授業。彼らが迎えるＡＩ時代こそ何よりも論理力が必要なのに、彼らはそれを習得する場をどこにも持っていないのです。それならば、自分たちで子どもを守っていかなければなりません。今こそ、新しい時代を生き抜くための、新しい教育が何よりも必要となるのです。

第6章

なぜ幼児期から論理を学ぶのか

好きだ!!
付き合ってくれ!!
私の…どこが好きなの?
好きに理由なんてないよ!!
ただきみが好きだ!!
ちょっとまったあー!!
どんなことでもりゆうがないなんて
ありえないんだよ?
どんなことにもかならずりゆうはあるんだよ!
よくかんがえてみてよ
えーっと…かわいいから?やさしいから?
おにいちゃんは、おねえちゃんのことが
かわいくてやさしいからすきで、つきあいたいんだね?

おねえちゃんも
おにいちゃんのことが
すきなの？
ちゃんといわなくちゃ
つたわらないよ？
ねえねえ
すきなの？
まーまー、
おねえちゃんは
シャイなんだよ
Shy!
[ʃái]
……ぼく
発音いいね
で、
すきなの？
つきあうの？
あ
私帰る！
かえっちゃったね
明日また
告るよ
少年たちは
〝論理〟を理解している。
だが、
〝恋〟を知るのは、
まだ先のことなので
あった——。
なんで
かえっちゃっ
たのかな？
ショボーン
あ、ママが
よんでる

38

「国語は論理の教科だ」

私はもともと大学受験予備校の講師からスタートして、三十年ぐらい前に大手予備校で「国語は論理の教科だ」と宣言しました。

あの頃、国語が論理だなんて言う人は誰もいませんでした。ほとんどの先生から批判されました。

反論することなく、少なくとも目の前の生徒が理解してくれればいいと思ってやってきました。すると、予備校の一番大きい教室があっという間に埋まりました。ラジオ講座をやり衛星放送授業をやり、現在私の受験参考書は累計１３００万部を超えています。全部口コミで売れていったのです。

しかし、10年ぐらい前から予備校で教えることはやめました。というのは私の中にずっと引っ掛かりがあったからです。

私の講義を受けて論理を学んで伸びていく子どもたちはいっぱいいるし、その口コミで本は売れています。これは間違いない事実です。でもその一方で、私の論理を学んだけれども、うまくいかなかった子どもも一定数いるのも事実です。

なぜそうなるのかは分かっています。つまり、受験生は1年間という期間が決まっており、さらにその間に模擬試験があります。

それまでは何となく文章を読んで、行き当たりばったり問題を解いていた生徒は、あまり深く考えていないから、時間内に解けるのです。だから、理解はしていないけれどそこそこの点数は取れる。

ところが論理的に文章を読もうと思ってもうまく読めない、設問を根拠を持って解こうとしても、それがうまく見つからない、そうした生徒は時間内に解けないからパニックになります。成績が一時的に落ちて、不安になり、結局挫折してしまうことになります。

そういった子どもたちが一定の割合いたのではないかと、当時から私は心を痛めていました。

39 「論理」を高校、中学までおろした結果

そこで私は、高校1年生や中学1年生から論理を学んだら挫折することはないのではないかと思ったのです。

しかし当時論理的に国語を教える教師などはほとんどいなかったので、私の講義を受けた子どもが学校で真逆の講義を受けることになりがちです。当然子どもは引き裂かれてしまいます。

そこで、高校や中学校の先生を変えないと駄目だと考えて、論理エンジンというプログラム・教材を作りました。現在、全国で300校ぐらいが正式に採用しています。

これで教育は変わると思いました。

実際に成功した学校がたくさんあります。偏差値40台の学校が70を超えるようにな

ったケースもあります。

しかし、すべての学校が魔法をかけられたように変わったわけではありません。また、同じ学校でも成功した先生もいれば、そうでもない先生がいるのも事実です。

中学校や高校から始めたならば、時間がたっぷりあります。予備校生のように時間に縛られることもないはずです。

では、うまくいかない理由はなんだろうと考えて、次のことにつきあたりました。

つまり、記憶することや計算することだけが勉強だと思っている子どもの脳に**「論理」という新しい建物を建てようとすれば、古い建物を壊さなければ駄目**なのです。

これはやっかいだし、本人にとっては恐怖に違いありません。

もちろん、中学生、高校生ならまだ可能ですが、そのためには子どもたちが本気で自分の頭の使い方を変えようと思わなければならないのです。そのためには教える側に強力な指導力がないとうまくいかないのです。すべての先生が子どもたちに動機付けができるだけの指導力を持ち合わせているとは限りません。

40

「論理」を幼児期から学ぶのが最も良いという結論に

この10年ぐらいは小学生用の教材を作り、さらには幼児教材を作ることで、私の中で答えと方向性が見えてきました。

子どもは体が大きくなると同時に脳も成長します。前述したように、脳のほうが先に成長します。６歳でほぼ大人の脳の80％ぐらいが出来上がり、12歳で大人並みの脳になっていきます。ここにヒントがあったのです。

つまり、中学生以上は完成された脳に対する教育なのです。12歳までは、まだ脳が完成していないから、脳を育てる教育です。両者はまったく違うのです。

中学生や高校生になってから論理エンジンをやってもなかなかうまくいかない子どもは、12歳までの間に、自分で考えるという習慣をしてこなかったのです。記憶や計算ばかり一生懸命やって、脳が与えられた答えを何も考えず、記憶するだけのものになってしまったのです。

実はまだ言語能力が未熟な幼児童には、論理を習得することは困難だと思っていました。

しかしこれは間違いでした。むしろ、**真っ白な脳の状態で、最初から新しい建物を建てたならば、なんの抵抗もなく子どもはそれを受け入れる**のです。

2017年から小学生対象の『論理エンジンキッズ』を作って、小学校や塾で使ってもらっていますが、論理エンジンと違う反響にびっくりしました。どう違うのかといったら、論理エンジンは成功例もたくさんありますが、思ったほど効果が上がらずに困っている学校もなくはなかったのです。ところが『論理エンジンキッズ』を使っている学校や塾は必ず成果が上がっているのです。

それは子どもにとって抵抗感がないからです。最初からそれをやるわけですから、子どもにとってスタンダードなのです。

41 論理が分かると「読解力」「思考力」「表現力」が身につく

文科省の新しい方針は知識ではなく、知識を活用する力を身につけることに大きく変わりました。そのためには「思考力」「判断力」「表現力」が必要とされ、これらの能力を量るために、センター試験に変わる新テストを実施し始めました。

自分の未来を切り拓くためには、氾濫する情報の中から適切な情報や課題を見出すための「読解力」が必要です。そして、課題解決策を筋道を立てて考えるための「思考力」、さらにその解決策をあらゆる人に伝え理解してもらうための「表現力」が必要です。この3つの力を支える土台が「論理」なのです。

論理は、国語だけにとどまらず、すべての教科の土台となります。子どもたちが正確な論理力を獲得し、他者の言わんとすることを正確に捉え、筋道を立てて考え、自分の伝えたいことをしっかり表現できるようになれば、彼ら彼女らの人生は計り知れないほど豊かになり、国際的に活躍できる人材へと成長していきます。

論理だけではなくて人柄や人間性も大事でしょうとよく言われるのですが、もちろん、人柄も人間性も大切です。そこを否定しているのではないのです。

しかし、人柄や人間性は学習で身につけるものではありません。それに対して、論理は訓練することによって、誰でも身につけることができるのです。またあらゆる学習には論理が不可欠ですから、幼児期の間にそれを習得することで、その後の学力の伸び方がまったく違うものになるのです。

論理が訓練によって誰でも身につけることができるなら、幼児期にさっさと習得してしまいましょう。

その後の知的生活が確実に違ってくるのですから。

42

「論理」は「他者」を意識することから生まれる

「論理」とは、「ものごとの筋道」です。

たとえば日常生活でのコミュニケーションにおいても、相手と正確な意思の疎通を図るためには「筋道の通った会話」が必要です。相手（他者）を意識すると、自然に論理が発生するわけです。

他者を最も意識しているのが活字化された文章です。

読み手が不特定多数の他者となるため、筆者は自ずと筋道を立てざるを得ません。

一方の読み手側も、論理という一本の筋道を意識して読むことで「今がこうなら、次はこうなる」「次がこうなら、最後はこうなる」と最後まで読み通すことができます。

このように文章を筋道を立てて追うこと、つまり論理的に読むことができれば、現代文の得点力は大幅にアップします。

たとえば物語文の場合、その問題は、ある作品の一場面を出題者が意図的に抽出して作られます。そのため自分の主観で読むのではなく、日本語の規則、つまり「論理」を意識し、どんな根拠や意図をもって設問を作ったのかといった点に着目しながら、より「客観的」に読むことで見えてくる「論理の世界」があるのです。

国語が苦手な子どもは、国語に対するセンスがないのではなく、論理を意識して読む練習をしていないだけなのです。

また教師も「論理的に読む」ことの大切さを教えていないケースが多く、そのために国語嫌いの子どもが増えているのです。

幼児童で「論理」を学ぶのは難しく、まだ早いと思われるかもしれません。しかし、言葉はすでにその中に論理を孕んでいるのですから、**言葉の習得期こそ論理的思考を身につける絶好の機会**と言えるのです。

43 「私」を殺す技術

国語の問題文は筆者が誰か分からない読み手、つまり、不特定多数の他者に向かって書いたものです。だから、必ず筋道（論理）を立てて書いてあるのです。

それなのに、筆者の立てた筋道を無視して、自分勝手に読み、自分勝手に解釈するから、どれほど国語の問題を解いたところで、結局は合ったり間違ったりの繰り返しです。

筆者の立てた筋道を追っていけば、自然と設問に答えられます。なぜなら、設問は本来、問題文の内容を理解したかどうかを試すものですから。

それなのに、なぜ多くの子どもたちが正解を導けないのかというと、他者という意識が希薄だからなのです。

筆者の立てた筋道をあるがままに追うためには、主観的な自分をいったんカッコに入れなければなりません。それなのに無意識に自分の主観で再解釈を行ってしまうからです。

自分を殺す技術は現代の情報化時代にはなくてはならないものであり、幼児童期から習慣づけていなければなりません。

今、私が百人の保護者に講演を行ったとしましょう。肉体を持った私は一人ですが、実は百人の数だけ情報としての「私」がいるのです。

百人の中には、すでに私を知っている人、あるいは私の衛星講義を受講していた人もいるでしょう。彼らはその時の記憶を下敷きにして、それと重ねるように今の私を見ているのです。

あるいは、直接私の姿を見たことがなくても、私の本を読んで何らかのイメージを抱いている人は、それを基に今の私を見ています。当然、私に対して何の予備知識もない人とは、それぞれ異なった「私」を見ているはずなのです。

つまり、肉体を持った私は一人であるのに対して、百人の保護者たちはそれぞれ異なる「私」を見ているのです。そして、情報社会においては一人一人異なる「私」を扱うことになります。

問題文を論理的に読むということは、筆者の意識で文章を読むことであり、それは主観的な自分を押し殺すことに他なりません。しかし、そのような説明を受け、訓練している子どもたちはほとんどいないのが現実です。だから、膨大な国語の時間を無駄にしてしまっているのです。

情報時代はまた、情報が見えない時代でもあるのです。

たとえば、アマゾンで本を購入すると、その履歴を元に、その人が関心を抱きそうな情報が送られてきます。それを購入すると、またその履歴から同じような種類の本の情報が送られてきます。

つまり、「私」のまわりには自分に都合のいい情報が勝手に集まってきて、その外にある情報が見えなくなってしまうのです。リアルな書店に直接足を運ばない限りは、特定の情報しか目に入らなくなってしまいます。

ＳＮＳでも同じような現象が起こっています。

右寄りの人はそれに近い考えの人がネット上で集団を造ります。そして、自分たちに都合のいい情報だけが勝手に集まってくるのです。左寄りの人はまた同じ考えの人が集まり、左寄りの情報だけが自分たちの周囲を取り囲みます。だから、それぞれが自分たちは正しいと信じ、相手を感情的に批判することになるのです。

こうした情報社会においても、自分を殺す技術を習得しない限り、ヒステリックな世論と、それに便乗する政治家たちが作り出す幼稚な世界しか現出できないのです。

44 物語文こそ論理的な読解が必要

説明文、論説文は論理的な思考力が必要だが、物語文や小説は文学だから、人それぞれの読み方があると思い込んでいる人は実に多いです。

実はここにも大きな誤解があります。

物語文の多くは「今」の世界のものとは限りません。漱石や芥川ならば明治の終わりや大正時代が舞台です。あるいは、戦争中の話であったり、戦後間もなくの時代に舞台設定されていたりと、少なくとも、ネット社会が実現した現在とは価値観も日常生活も大きく異なります。

それなのに、子どもたちは今の生活感覚、今の価値観でこれらの作品を無意識に再解釈してしまうのです。ここでも「私を殺す技術」が必要です。

しかも、たいていの問題は長い小説の一場面を切り取って作られたものです。一ページ目から順次読んでいけば、次の場面も自然に理解できるのに、物語がいつの時代なのか、その頃の人々はどのような価値観で生きていたのか、登場人物はどんな性格で、ここに至るまではどのような状況にあったのかなど、一切示されることがなく、登場人物の動作やセリフに傍線が引かれ、その時の心情が問われるのです。

だから、子どもたちは好きなように解釈してしまうのです、これはけっして子どもたちの個性とか創造性とかではなく、単に客観的に分析できていないだけのことなのです。

でも、国語の先生は誰もこうしたことを教えてはくれません。

物語文の読解こそ、主観的な自分を括弧に入れ、文中を根拠にして客観的に分析できたかどうかが問われるのです。

45

読解力は未知の世界への飛躍

子どもたちの世界は実に狭いのです。たいていの子どもたちは家庭と学校で同じような人間関係の中で生活していて、広い社会を知りません。

ところが、国語の文章は子どもたちが経験したことのない世界について語られることになります。近代文学や環境問題、アイデンティティや多様性の問題、戦争や核の問題など、子どもたちの周囲では語られないことばかりです。こうした文章を理解するには、一つ大きな壁を乗りこえないといけません。

自分の身近な、具体的な世界から、より抽象的な世界を理解するためには、二つの能力が必要とされます。

自分は経験したことがないけど、論理的に考えたら理解できるということ。そして、そうした抽象度の高い世界を想像できるということ。

つまり、**論理力と想像力こそが何より必要**で、この二つの能力はすでに説明したように、彼らが将来生きる未来の社会にとって何よりも必要なものなのです。

国語というと、普段から何不自由なく日本語を喋っているし、文章もそこそこ読めるから、特に学習する必要がないと思われがちですが、国語で要求される学力と、日常生活を営むための日本語力とはこうも大きく異なるのです。それはおつりの計算ができるから算数や数学はもう大丈夫と勘違いするのと同じくらい、大きな誤解に満ちています。

国語を論理的に学ぶことにより、国語力が飛躍的に高まるのと同時に、すべての科目の土台となる論理力を鍛え、さらにそれを未来の社会を生き抜く武器としなければなりません。それを幼児期から体系的に学ぶことは、子どもの人生を変えてしまうほどの意味を持っていると私は確信しています。

第7章

論理はすべての科目の土台

いちからじゅうまでかぞえられるよ
じゃあかぞえてみて？
いち、に、さん、よん、ご、ろく、なな、はち、きゅう
じゅうのつぎもおしえて？
よーし！
10の次は、11、12、13、14、15、16、17、18、19の次は20！
21、22、23、24、25、26、27、28、29の次は、30！
さんじゅうきゅうのつぎは、よんじゅう？
そう！正解!!
……きゅうじゅうご、きゅうじゅうろく、きゅうじゅうなな、きゅうじゅうはち、
きゅうじゅうきゅうのつぎは、じゅうじゅうだね？
じゅうがじっこで、じゅうじゅうだよね？
…？
10が1こ→10《じゅう》
10が2こ→20《にじゅう》
10が3こ→30《さんじゅう》
⋮
10が10こ→100《じゅうじゅう》

スゴイぞ!!
数の仕組みをしっかり理解できてるね!!
でもね、99の次はじゅうじゅうじゃなくて、
100《ひゃく》っていうんだよ!
ひゃくのつぎはひゃくいち?
うん、うん、
ひゃくに、ひゃくさん…… ……ひゃくきゅうじゅうきゅうのつぎは、にひゃく?
うん! うん!

……きゅうひゃくきゅうじゅうきゅう、じゅうひゃく!
1000《せん》っていうんだ!
せんいち、せんに、せんさん、せんよん、せんご、
さん、せんじゅうよん、
せんじゅうご、せんじゅ
せんさんびゃくじゅうに
せんさんびゃくじゅうさん
せんさんびゃくじゅうよん
せんさんびゃくじゅうご
Zzz
せんななひゃくはちじゅういち
せんななひゃくはちじゅうに
せんななひゃくはちじゅうさん
せんななひゃくはちじゅうよん

46

英語の四技能は必要か

文科省は小学校から英語を科目として取り入れることと、従来の読解中心から四技能（聞く・読む・話す・書く）へと変える方針を決定しました。そのため多くの塾は慌てて幼児の頃から英会話を始めようとしています。

しかし、こうした幼児期の英会話への過度な期待は一過性のものであり、私たちはもっと冷静に考える必要があります。

まず単純な疑問として、**本当に英語の四技能は必要だろうか**という根本的な問いかけから始めましょう。

まず従来の英語学習と、英会話とは明確に区別するべきなのです。なぜなら、英会話は学習でも何でもありません。英語を話せるということは、英語という言葉に習熟できたということだからです。

私たちはご飯を食べる時、箸の持ち方を意識しません。自転車に乗る時でも、運転の仕方を意識することなく、自在に操作することができます。毎日の反復の中で、体が自然と覚えてしまうからです。これを身体化とか習熟と呼んでいるのですが、言語の習得とはまさにこのことに他なりません。

アメリカでは、子どもたちは何も学習しなくても英語を喋ることができます。私たちが習わなくても自然と日本語が喋れるようになるのと同じように。私たち日本人が英語を喋れないのは、単純にそれを習熟する環境を持っていないからなのです。日本にいる限り、私たちはすべて日本語で用を足してしまうので、絶えず英語を使わなければならない必要性を感じません。もし英語を喋れるようになりたいならば、インターナショナルスクールに入学させるか、留学させるかしかありません。現に、海外で仕事をする必要が生じたビジネスパーソンは、現地で数年生活するうちに自然と喋れるようになっています。

では、日本人全員が本当に英語を喋る必要があるのでしょうか？

もちろん喋れないよりは喋れるに越したことがありませんが、アメリカ人は英語を喋るのに特にお金も時間も必要ありません。私たちがアメリカ人のように英語を喋れるようにするには、膨大な時間とお金を必要とします。これでは圧倒的なハンディとなってしまいます。何かを選択するということは、何かを捨てるということですから。

では、英会話は本当にそれほど必要なことなのでしょうか？

実は今やスマートフォンなどのアプリとして、自動翻訳機が無料でダウンロードできるのをご存知でしょうか？

自動翻訳機にＡＩが投入されることで、性能が大幅に向上しました。現段階でも、自動翻訳機はＴＯＥＩＣで９００点以上を叩きだしているのです。しかも、自動翻訳機は英語だけでなく、今後30カ国以上の言語をほとんど完璧に翻訳することができるようになると言われています。それならば、私たちの拙い英会話力よりも、自動翻訳機を使った方が有効だと言えるのではないでしょうか。

英会話を習ったところで、所詮英語しか喋れません。これから到来するグローバル社会では、中国語も韓国語もドイツ語もフランス語もスペイン語も必要です。自動翻訳機を使えば、近い将来30ヵ国語程度はほぼ完璧に翻訳可能となるのです。

もちろん、将来海外で暮らしたり仕事をしたりする人や、英語で論文を書く研究者はかなり高度な英語力が必要でしょう。そういった一部の人たちを除いて、一般の人が国内で英語を使う場面はそう多くなく、その時は自動翻訳機を使用すれば事足りるはずなのです。

ただし、ＡＩが高度に発達すればするほど、間違った日本語や論理的でない話し方をすれば、自動翻訳機が誤訳をしてしまうことになるので、やはり**英語よりも論理的な日本語を使えるようにした方が役に立つ**ようです。

47

幼児期から脳に英語の音を入れよ

アインシュタインは幼児教育に関する講演の中で、早期の外国語教育はやるべきでないと述べています。なぜなら、外国語の能力は母国語のそれを超えることがないので、高度な外国語の能力を身につけたければ、その前に母国語の能力を引き上げる必要があるからです。そうでないと、英語がただの英単語の暗記となってしまいます。ましてや今の子どもたちはまともな国語力を身につけていません。だから、英語よりも先にまず国語力と考えた方がいいでしょう。

では、私たちは英語を喋る必要がないのでしょうか？

もし、外国人と話す機会が多いとしたなら、いちいち翻訳機を取り出すのも面倒で、ストレスも大きいはずです。できたら簡単な日常会話くらいはできるようにしておきたいものです。

ただし早期の英語教育は禁物。では、どうしたらいいのかというと、幼児期は言語習得期でもあるのですから、この時期に英語の音を聞かせればいいのです。けっして英語の学習をさせるのではなく、英語の音だけを聞かせるのです。

絶対音感を身につけるには、三歳までにピアノを習う必要があると言われているように、多くの英語の音は日本語にないものです。それらを幼児期に聞かせるのです。すると、子どもは面白いように英語の音を聞き分けることができるようになります。そうした英語教材は書店でも売っていますので、それらを利用すればいいのです。

幼児期に漢字の読み取り練習が効果的だと前述しましたが、この時身近なもの、具体的なものから学習していきました。英単語の音を聞かせるのもこれと同じで、なるべく身近な単語から始めましょう。すると、小学校低学年頃には、日常的な英単語を自然と聞き取れるようになります。英語の音が聞き取れるということは、簡単な日常会話ができるということです。まだ単語だけの会話には違いありませんが、たいていの人はこれで十分で、もし、それ以上の会話が必要な時には自動翻訳機を利用すればいいだけです。

ここで気をつけなければならないことは、ただ英語を聞き流すだけでは効果がないということです。なぜなら、音と意味とが結びつかないからです。漢字を読めるようにするのと同じで、たとえば猫を飼っているならば、猫という漢字を見せれば自然と「ねこ」と読めるようになります。すると、「猫」という漢字を見るだけで、脳裏に猫をイメージすることができるようになるのです。その時、キャットという英語の音を繰り返し聞かせると、キャットという英語の音を聞くだけで、脳裏に猫を思い浮かべることができるようになるのです。

漢字の読み取りも英単語の音も必ず意味と結びつけて下さい。意味も分からないのに、ただ英語の音を聞き流すだけでは何の効果もないのです。

では、将来英語の論文の読み書きを必要とするなど、より高度な英語力を身につけたいならばどうすればいいのでしょうか？

私たちが英語を喋れないのは、英語の音を聞き取れないからです。すでに幼児童期に英語の音を聞き取れるようにしたなら、後は基本的な英語を論理的に学習すればいいだけです。英会話に限るならば、英語の音さえ聞き取れたなら、単語だけでも何とか通じるものです。

でも、難解な英語の文章を読んだり、英語の文章を書いたりするには、それだけでは十分ではありません。しかし、英語は日本語以上に論理的な言語なので、すでに日本語で論理力を獲得していれば、英語のかなりの部分は習得済みなのです。

国語も英語も論理的な言語という点においては共通で、その共通する部分を意識することで、逆に相違点も浮き彫りになります。英語を国語（論理）と切り離して学習することと自体がナンセンスと言えるでしょう。

第一**英語の論文を読み書きするには、英語力よりもむしろ論理力こそ必要**なのです。幼児期から論理力を養成しておけば、将来英語の論文を読み書きする必要が生じたとしても、一定の訓練だけで十分通用するはずです。

まさに論理力はすべての教科の土台です。

48 幼児童期に必要なのは言語の獲得

もし、言語を使わずに何かを考えようとしても、その瞬間カオス（混沌）の状態に投げ出されてしまいます。情報を整理するのも言語、体系づけて理解するのも言語、話したり書いたりして人に伝えるのも言語によるものです。

だからこそ、幼児童期にどのように言語を獲得するかが最も大切なことなのです。

算数も言語です。私たちの世界には二つの言語が存在します。「自然言語」と「人工的な言語」です。

「自然言語」とは、日本語や英語など私たちが日常的に使っている言葉ですが、これは、一つの言葉が文脈によってさまざまな意味を持つところに特徴があります。つまり、曖昧性を残しているところが特徴なのです。

それに対して「人工的な言語」は、曖昧性を排除したところに成り立つ言語です。算数で使われる記号は一つの意味しか持ちませんし、厳密な法則性で記述されるものであり、人間の恣意的な意図を反映させることはできません。コンピュータ言語なども人工的な言語の仲間です。

日本語（や英語）の習得においては、自然言語の論理性を学ぶのですが、算数の学習においては、人工的な言語における論理性を学ぶことになります。論理的に算数を学ぶので、私は「論理算数」と呼んでいます。

従来の算数では、計算の仕方を教え、いかに早く正確に計算するかを訓練しますが、記憶と計算がコンピュータの仕事となった現在、論理算数では、算数の言葉で世界を理解し、思考する能力を養成します。

体系的な学習方法により、今まで子どもたちが躓きがちだった箇所も、論理的に理解することができ「一を聞けば十を知る」という頭の使い方ができるようになります。

図形・空間把握、時間とお金、測量など、数の概念、数式の計算以外の分野も論理的に理解することができるようになるのです。

文章題は日本語で書かれた文章であり、その論理性を発見することで算数の言語に置き換えることができます。文章題は国語の言葉で書かれた文章を算数の言葉に翻訳する作業から始まります。だから、**国語と算数を同時に学習することで、文章題が面白いように解けるようになります。**

また、論理的というと、サイボーグのような機械的で冷たいイメージがありますが、これも大きな誤解です。論理と言っても、算数の言語やコンピュータ言語などの人工的な言語によるものと、日本語や英語のような自然言語によるものとは、大きく性質が異なります。

算数の言語やコンピュータ言語は、人間を排除した世界で普遍的に成立するものです。多くの人はそのイメージで論理を捉えているので、論理とは機械的、非人間的だと思い込んでしまうことになります。

それに対して、私がここで述べているのは、自然言語による論理なのです。これはあくまで人間を相手にした言葉です。お互いに分かり合えない人間を他者として認めた上で、それでも相手とコミュニケーションをとって分かり合おうとするのが、論理に裏付けられた言語なのです。

それゆえ、むしろ**自然言語における論理の獲得は、人間愛に通じる**のです。

私たちは自然言語と、人工的な言語、この二つの言語で世界を理解し、整理し、思考しています。だからこそ、幼児期のうちに国語の言葉と算数の言葉をしっかりと身につけておく必要があるのです。

49 数の概念も具体と抽象

論理力を身につけるために、幼児期には、「イコールの関係」をいかに体得するかがポイントになるでしょう。

これは簡単なように見えて実はとても難しいことなのです。なぜなら、「イコールの関係」とは「具体と抽象の関係」だからです。

たとえば、幼児にとって数字の「1」を理解することは難しいのです。お母さんは1人です。ペットボトルも1本です。幼児の気持ちになってください。お母さんもペットボトルもまったく別個のものなのに、なんで同じ「1」なんだろうと思いますよね。

それを理解しようと思ったら、お母さんが持っているあらゆる属性を捨て、ペットボトルのあらゆる属性を捨て、唯一共通の「1」という個数を抽出します。お母さんもペットボトルも具体です。しかし「1」は抽象なのです。

1という概念を理解するということは、具体から抽象を発見することですから、そこに論理を見出しているのです。

この論理を理解していないのに、ただ計算の仕方だけを教えるのは、ほとんど意味がありません。算数の解法パターンを子どもたちに教えて、正確に計算できても、はたしてそのことが社会に出て、子どもたちの役に立つのでしょうか。

ものごとを論理的に考える習慣を身につけることが先にあるべきなのです。論理という共通点は一緒だけれど、英語と日本語の規則の違いを教える。あるいは算数では、自然言語を算数の言葉に置き換えることが理解できれば、論理的にものを考えることができるし、文章題も全部分かります。こういう頭の使い方を子どもたちに身につけてほしいのです。

先生が答えを教えると、子どもたちは何も考えずに、先生の答えを鵜のみにしてただ記憶します。幼児に何桁かの計算をさせることに、いったいどんな意味があるのでしょう。

教えるのではなく子どもたちが自ら発見するのが大切なのです。1から3の概念が分かれば、それを組み合わせて5の概念が分かります。5の概念が分かれば、5と5で10の概念が分かります。

そうするうちに、英語と国語の論理は同じだなとか、算数も一緒だな、ここが違うなと、問題を解くうちに必ず論理という法則を子どもたちが自ら発見します。そのための仕掛けを大人が作らなければなりません。

大切なのは、機械的な反復学習を強要するのではなく、一つひとつ論理的に理解することで、算数の楽しさを発見し、苦手意識を持つことなく次のレベルに進めることなのです。

50 思考のための社会科

社会という科目に対する大方のイメージは、暗記科目ということではないでしょうか？

実は、社会科こそ最も思考力を鍛えることができる科目なのです。

学習に関する常識のほとんどは、実は本来のものと真逆なので、いかに多くの子どもたちが間違ったことを教えられ、そのために楽しいはずの学習が嫌いになってしまったことか。

たとえば、小学一、二年で学習する「生活」という教科書では、信号の話が登場します。「青は進め、赤は止まれ」というものです。そのこと自体が間違いなのではなく、子どもたちに何も考えさせず、最初から正解を与えて、それを記憶させるというやり方こそが問題なのです。

大切なことは、「なぜ？」「どうして？」と、絶えず子どもたちに問いかけることです。そして、**身近なものから次第に抽象的な世界へと理解を深めさせていきます。**

「信号がなかったらどうなると思う？」「交差点で自動車はどうなる？」「歩行者は安心して道路を渡れないね」「規則は必要だと思う？」「信号は誰が作ったの？」「そのお金はどこから来たの？」など、素朴な疑問から始めても、やがては法律や税金の問題まで子どもたちは関心を広げていきます。

「お金がなかったらどうなる？」「交換する時、重たいものだと運んでくるのが大変だね」「昔ならば、お肉とか魚を直接交換しようと運んできたら、腐ってしまうかもしれないね」「でも、たとえば牛や豚の命と、同じ値段のゲームと、比べることができないものも同じ値段なんだ」「お金があるから蓄えておくこともできるね」など、身近なところから考えるようにして下さい。

その時、「なぜ？」「どうして？」が、子どもの思考力を高める魔法の言葉です。論理でいえば因果関係になるのですが、答えがあるとは限りません。大切なことは、親も子どもと一緒になって不思議がり、一緒に考える習慣をつけることです。

学年が上がると、お金の問題はたとえば「大きな国家がいいのか、小さな国家がいいのか」など、大きな話題につながっていきます。「小さな国家」ではあまり多くの税金がかからず、巨大な権力を握る人も必要としない点が長所ですが、一方、これからは高齢化社会で、年金、保険金、税金の問題が起こってくるので、ある程度「大きな国家」である必要があります。また環境問題も解決しなければならないので、そのためにも「大きな国家」である必要があるのです。

もちろん、どちらも一長一短があり、決定的な答えがあるわけではありません。考え続けることにこそ意味があるのです。

実は少子化により、今の子どもたちが大学を受験する頃には、ほとんど学科試験を課す大学はなくなり、たいていは小論文、集団討論、面接等で合否が決められるようになります。

論文を書いたり、人前で意見を発表したり、討論をしたりすることは、子どもの頃からそういった訓練をしていないと簡単にはできません。第一、今の子どもは正しい日本語で、論理的に話すことすらできないのですから。

実は今紹介した「思考のための社会科」は、将来の小論文対策やディベートなどの訓練にもなるのです。だから、けっして暗記科目などではありません。

ぜひ子どもと一緒に社会科の教科書を開いてみて下さい。そして、一つ一つの事柄に対して、子どもに「なぜ?」「どうして?」と問いかけてみるのです。

幼児童期には、英語、算数、国語、理科、社会、プログラミングと、それぞれが別個の教科として学習することでは何の効果ももたらしません。論理を土台として、国語と英語、国語と算数など、各科目を一緒に学ぶことこそが必要なのです。

おわりに

本書はすべての保護者の方、そして、教育に携わるすべての人たちに読んでいただきたい、私からのメッセージです。

多くの教育は古い時代に適応したからこそ、いまだに生き残っているのです。むしろ、成功している塾、幼児教室ほど、いまだに古い体質を引きずっているのかも知れません。

新しい時代を生きる、新しい子どもたちにそんな古い教育を押しつけていいのでしょうか？

幼児童は自分で自分が受ける教育を決めることができません。しかし、その結果は子どもたち自身がその生涯で背負っていくものなのです。だから、これからは保護者が賢明でなければならないのです。

教師や保護者が受けてきた教育を、どうか未来を生きる子どもたちに押しつけないで下さい。

現実の延長線上で考えられることはすべてＡＩが実現してしまいます。だからこそ、これからの子どもは知識の詰め込みや計算力ではなく、豊かな想像力や感性を必要とするのです。現実の延長線上ではないことをイメージする力があれば、それは必ずＡＩやロボットを使って実現できる時代が来るのです。

そして、ＡＩを動かすのも論理的な言語によってです。情報を整理し、その真偽を検証し、記憶、思考するのもすべてが論理的な言語によるものなのです。

ＡＩやロボットにはコミュニケーション能力がありません。論理的に伝える力もまた論理的な言語によるものに他なりません。

想像力と論理、この二つこそこれからの時代に必要なものであり、しかも、これらは幼児童期にこそ習得すべきものなのです。

出口　汪

【著者紹介】

出口 汪（でぐち・ひろし）

関西学院大学大学院文学研究科博士課程単位取得退学。広島女学院大学客員教授、論理文章能力検定評議員、出版社「水王舎」代表取締役。現代文講師として、予備校の大教室が満員となり、受験参考書がベストセラーになるほど圧倒的な支持を得ており、著書累計数は1300万部を超える。また「論理力」を養成する画期的なプログラム「論理エンジン」を開発、多くの学校に採用されている。著書に『出口汪の「最強！」の記憶術』『出口のシステム現代文』『子どもの頭がグンと良くなる！国語の力』『芥川・太宰に学ぶ 心をつかむ文章講座』（以上、水王舎）、『出口汪の新日本語トレーニング』（小学館）、『出口汪の「日本の名作」が面白いほどわかる』（講談社）、『ビジネスマンのための国語力トレーニング』（日経文庫）、『源氏物語が面白いほどわかる本』（KADOKAWA）、『頭がよくなる！大人の論理力ドリル』（フォレスト出版）、『やりなおし高校国語・教科書で論理力・読解力を鍛える』（筑摩書房）など。小説に『水月』（講談社）がある。

▶公式ブログ 「一日生きることは、一日進歩することでありたい」
http://ameblo.jp/deguchihiroshi/
▶オフィシャルサイト http://www.deguchi-hiroshi.com/
▶ツイッター @ deguchihiroshi
◎出口汪の「頭が良くなる無料メルマガ」登録受付中。

2歳から12歳の脳がグングン育つ！ 論理の力

2019年5月10日 第一刷発行

著者	出口 汪
発行人	出口 汪
発行所	株式会社 水王舎 〒160-0023 東京都新宿区西新宿6-15-1 ラ・トゥール新宿511 電話 03-5909-8920
本文印刷	新藤慶昌堂
カバー印刷	歩プロセス
製本	ナショナル製本
漫画・イラスト	設樂みな子
装丁	福田和雄（FUKUDA DESIGN）
編集協力	土田 修
編集総括	瀬戸起彦（水王舎）

落丁、乱丁本はお取り替えいたします。

ISBN978-4-86470-119-8 C0037

出口汪の本

子どもの頭がグンと良くなる！
国語の力

出口 汪・著

伸びない子どもなんて1人もいない！
子どもの将来は「国語力」によって決まる!

本書では子どもが「考える力」「話す力」「書く力」を身につける方法や、人生で役立つ「３つの論理」など親子で一緒に学べる正しい学習法をわかりやすく紹介。

定価（本体 1300 円＋税） ISBN978-4-86470-022-1

出口汪の本

国語が変わる

出口 汪・著

答えは「探す」から「創る」へ
わが子の学力を伸ばす方法

2020年以降の大学入試制度は激変！

子どもにとってこれから必要な学力とは何か？

今から何をすべきか？　を明快に解説！

すべての教科の土台となる国語力をつければ受験は突破できる！

定価（本体 1400 円＋税）　ISBN978-4-86470-040-5

出口汪の学習参考書

出口式 はじめての論理国語
小1レベル～小5レベル

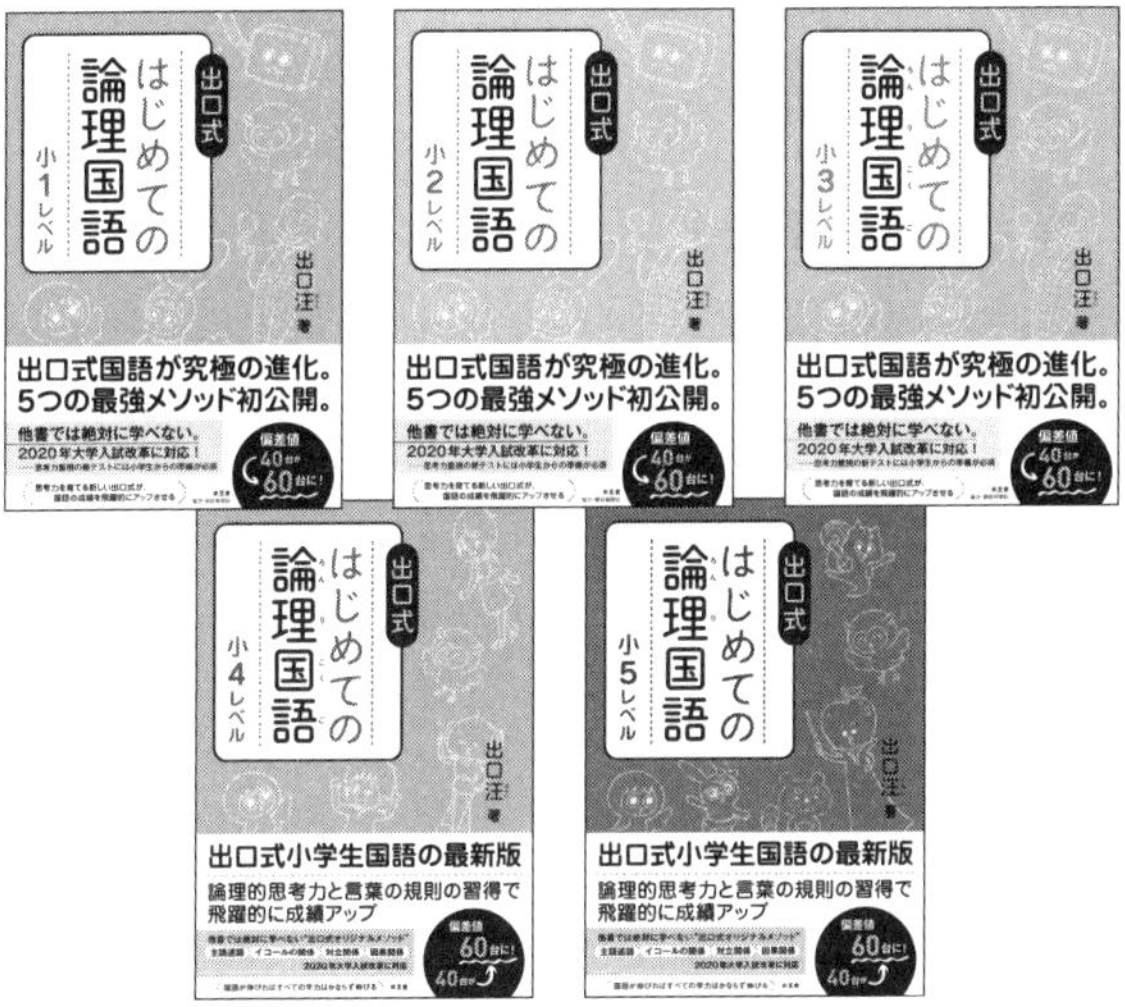

出口 汪・著

子どもでも「論理力」が身につく
画期的なシリーズ登場！

2020年大学入試改革に対応。思考力重視の新テストには小学生から準備が必須！ 思考力を育て、成績を飛躍的にアップさせる出口式国語の決定版！

〈本書の特徴〉小学生でも「論理」が学べる！
1. ○△□で主語・目的語・述語、接続語を理解！ ＝⇔⇒で接続語をマスター
2. 一つの答えではなく最適解を導き出す力をつける！

定価（本体1200円＋税、小5レベル本体1300円＋税） ISBN978-4-86470-047-4 （小1レベル）、048-1（小2レベル）、049-8（小3レベル）、050-4（小4レベル）、051-1（小5レベル）下4桁以外共通